L'Anno 3000

SOGNO

DI

PAOLO MANTEGAZZA

MILANO

Fratelli Treves, Editori

1897.

8° Y² 5057

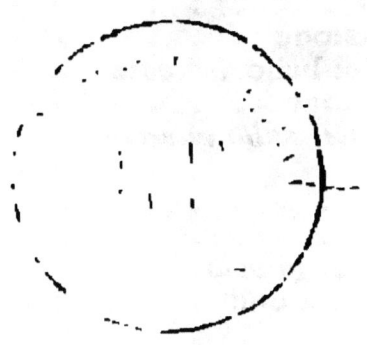

L'Anno 3000.

OPERE di PAOLO MANTEGAZZA
(Edizioni Treves).

Fisiologia dell'amore 4.ª edizione . . . . L.	4 50
Fisiologia del dolore. 2.ª edizione	5 —
Fisiologia della donna. 2 volumi. 3.ª edizione . .	8 —
Fisiologia dell'odio. 3.ª edizione	2 50
Gli amori degli uomini. 12.ª edizione con numerose note ed aggiunte. 2 volumi	6 —
Le estasi umane. 2 volumi. 5.ª edizione	7 —
Epicuro. Saggio di una fisiologia del bello. 3.ª ediz.	3 50
Dizionario delle cose belle. 2.ª edizione	4 —
Pensieri sulla Federazione Universale, sulla miseria e sulle malattie infettive	1 —
India. 4.ª edizione illustrata	3 50
Un viaggio in Lapponia	5 —
Ricordi di Spagna e dell'America Spagnuola . .	2 50
Testa, libro per i giovinetti. 20.ª edizione . . .	2 —
Il secolo tartufo. 3.ª edizione	2 —
Il Dio ignoto, romanzo. 5.ª edizione	5 —
Le tre Grazie, romanzo	5 —
Le leggende dei fiori. 2.ª edizione	5 —
Upilio Faimali (Memorie di un domatore di belve).	3 —
L'arte di prender moglie. 6.ª edizione	4 —
L'arte di prender marito. 3.ª edizione	4 —
Elogio della vecchiaia. 2.ª edizione	4 —
L'anno 3000, sogno	3 —
Dizionario d'igiene per le famiglie	5 —

Almanacco Igienico, a 50 cent. il volume.
    Anno XXXI (1896). La Bibbia della Salute.
    Anno XXXII (1897). Il Vangelo della Salute.

SOTTO I TORCHI:
Paralipomeni dell'Amore.

L'Anno 3000

SOGNO

DI

PAOLO MANTEGAZZA

MILANO
FRATELLI TREVES, EDITORI
1897.

PROPRIETÀ LETTERARIA

Riservati tutti i diritti.

Tip. Fratelli Treves.

ALLA MIA MARIA

RAGGIO DIVINO DI SOLE

CHE ILLUMINA E RISCALDA

L'ULTIMO CREPUSCOLO

DELLA

MIA SERA

Capitolo Primo.

Paolo e Maria partono per l'Andropoli. — Una sera nel golfo di Spezia.

Paolo e Maria lasciarono Roma, capitale degli Stati Uniti d'Europa, montando nel più grande dei loro *acrotachi,* quello destinato ai lunghi viaggi.

È una navicella mossa dall'elettricità. Due comode poltrone stanno nel mezzo e con uno scattar di molla si convertono in comodissimi letti. Davanti ad esse una bussola, un tavolino e un quadrante colle tre parole: *moto, calore, luce.*

Toccando un tasto l'*aerotaco* si mette in moto e si gradua la velocità, che può giungere a 150 chilometri all'ora. Toccando un altro tasto si riscalda l'ambiente alla temperatura che si desidera, e premendo un terzo si illumina la navicella. Un semplice commutatore trasforma l'elettricità in calore, in luce, in movimento; come vi piace.

Nelle pareti dell'*aerotaco* eran condensate tante provviste, che bastavano per dieci giorni. Succhi condensati di albuminoidi e di idruri di carbonio, che rappresentano chilogrammi di carne e di verdura; eteri coobatissimi, che rifanno i profumi di tutti i fiori più odorosi, di tutte le frutta più squisite. Una piccola cantina conteneva una lauta provvista di tre elisiri, che eccitano i centri cerebrali, che presiedono alle massime forze della vita; il pensiero, il movimento e l'amore.

Nessun bisogno nell'*aerotaco* di macchinisti o di servi, perchè ognuno impara fin dalle prime scuole a maneggiarlo, a innalzare o ad abbassare secondo il bisogno e a dirigerlo dove volete andare. In un quadrante si leggono i chilometri percorsi, la temperatura dell'ambiente e la direzione dei venti.

Paolo e Maria avevano portato seco pochi libri e fra questi *L'anno 3000*, scritto da un medico, che dieci secoli prima con bizzarra fantasia aveva tentato di indovinare come sarebbe il mondo umano dieci secoli dopo.

Paolo aveva detto a Maria:

— Nel nostro lungo viaggio ti farò passar la noia, traducendoti dall'italiano le strane fantasie di questo antichissimo scrittore. Son curioso davvero fin dove questo profeta abbia indovinato il futuro. Ne leggeremo certamente delle belle e ne rideremo di cuore.

È bene a sapersi che nell'anno 3000 da più di cinque secoli non si parla nel mondo che la lingua cosmica. Tutte le lingue europee son morte e per non parlare che dell'Italia, in ordine di tempo l'osco, l'etrusco, il celtico, il latino e per ultimo l'italiano.

Il viaggio, che stanno per intraprendere Paolo e Maria, è lunghissimo. Partiti da Roma vogliono recarsi ad Andropoli, capitale degli Stati Uniti Planetarii, dove vogliono celebrare il loro matrimonio fecondo, essendo già uniti da cinque anni col matrimonio d'amore. Essi devono presentarsi al Senato biologico di Andropoli, perchè sia giudicato da quel supremo Consesso delle scienze, se abbiano o no il diritto di trasmettere la vita ad altri uomini.

Prima però di attraversare l'Europa e l'Asia per recarsi alla capitale del mondo, posta ai piedi dell'Imalaia, dove un tempo era Darjeeling, Paolo voleva che la sua fidanzata vedesse la grande Necropoli di Spezia, dove gli Italiani dell'anno 3000 hanno come in un Museo raccolte tutte le memorie del passato.

Maria fino allora aveva viaggiato pochissimo. Non conosceva che Roma e Napoli e il pensiero dell'ignoto la inebbriava. Non aveva che vent'anni, avendo data la mano d'amore a Paolo da cinque anni.

Il volo da Roma a Spezia fu di poche ore e senza accidenti. Vi giunsero verso sera, e dopo una breve sosta in uno dei migliori alberghi della città, cavarono fuori dall'*acrotaco* una specie di mantello di caucciù, che si chiama *idrotaco* e che gonfiato da uno stantuffo in pochi momenti si converte in un barchetto comodo e sicuro. Anche qui nessun bisogno di barcaiuolo e di servi. Una macchinetta elettrica, non più grande di un orologio da caminetto, muove l'*idrotaco* sulle onde, colla velocità che si desidera.

Il Golfo di Spezia era in quella sera divino. La luna dall'alto, nella pace serena della sua luce, spargeva su tutte le cose come un fiato soave di malinconia. Monti, monumenti, isole parevano di bronzo; immoti come chi è morto da secoli. La scena sarebbe stata troppo triste, se le onde chiacchierine, che parevano cinguettare e ridere fra la rete infinita d'argento, che le inserrava come migliaia di pesciolini presi nella rete dal pescatore, non avessero dato al golfo un palpito di vita.

I due fidanzati si tenevano per mano e si guardavan negli occhi. Si vedevano anch'essi come velati in quella luce crepuscolare, che toglie la durezza degli oggetti; facendo giganti le anime delle cose.

— Vedi, Maria, — disse Paolo a lei, quando potè parlare: — qui intorno a noi dormono nel silenzio più di ventimila anni di storia umana. Quanto sangue si è sparso, quante lagrime si son versate prima di giungere alla pace e alla giustizia, che oggi godiamo e che pure sono ancora tanto lontane dai nostri ideali. E sì, che fortunatamente per noi, dei primi secoli dell'infanzia umana, non ci son rimaste che poche armi di pietra e confuse memorie. Dico fortunatamente, perchè più andiamo addietro nella storia e più l'uomo era feroce e cattivo.

E mentre egli parlava, si andavano avvicinando alla Palmaria, convertita allora in un grande museo preistorico.

— Vedi, Maria, qui vissero in una grotta dieci o venti secoli or sono uomini, che non conoscevano metalli e si vestivano colle pelli delle fiere. Sulla fine del secolo XIX un antropologo di Parma, certo Regalia, illustrò questa grotta, che era detta dei Colombi, descrivendone gli avanzi umani e animali, ch'egli vi aveva trovati. In quel tempo però, cioè sulla fine del secolo XIX, tutta l'isola era coperta di cannoni, ed una batteria grande, un vero miracolo di arte omicida, difendeva il golfo dagli assalti del nemico.

Tutto il golfo del resto era un trabocchetto gigantesco per uccidere gli uomini. Sui monti, cannoni; sulle sponde, cannoni; sulle navi, cannoni e mitragliatrici: tutto un inferno di distruzione e di orrore.

Ma già qualche secolo prima questo golfo portava memorie di sangue. Lì ad oriente sopra Lerici tu vedi un antichissimo castello, dove fu prigioniero un re di Francia, Francesco I, dopochè ebbe perduta la battaglia di Pavia.

Noi non vediamo più l'ecatombe di ossa, che devono trovarsi sul fondo del mare, perchè sul principio del secolo XX ebbe luogo una terribile battaglia navale, a cui presero parte tutte le flotte d'Europa;

mentre per fatale coincidenza in Francia si combatteva un'altra grande battaglia.

Si battevano per la pace e per la guerra, e l'Europa era divisa in due campi. Chi voleva la guerra e chi voleva la pace; ma per volere la pace si battevano, e un gran mare di sangue imporporò le onde del Mediterraneo e allagò la terra. In un solo giorno nella battaglia di Spezia e in quella di Parigi morì un milione di uomini. Qui dove noi siamo ora, godendo le delizie di questa bellissima sera, saltarono in aria in un'ora venti corazzate, uccidendo migliaia di giovani belli e forti; che avevano quasi tutti una madre, che li attendeva; tutti una donna che li adorava.

La strage fu così grande e crudele, che l'Europa finalmente inorridì ed ebbe paura di sè stessa. La guerra aveva uccisa la guerra e da quel giorno si mise la prima pietra degli Stati Uniti d'Europa.

Quei giganti neri, che vedi galleggiare nel Golfo sono le antiche corazzate, che rimasero incolumi in quel giorno terribile.

Ogni nazione d'allora vi è rappresentata: ve n'ha di italiane, di francesi, d'inglesi, di tedesche. Oggi si visitano come curiosità da museo e domattina ne vedremo qualcuna. Vedrai come in quel tempo di barbari, ingegno e scienza riunivano tutti i loro sforzi per uccidere gli uomini e distruggere le città. E figurati, che uccidere in grande era allora creduta gloria grandissima e i generali e gli ammiragli vincitori erano premiati e portati in trionfo. — Poveri tempi, povera umanità!

Però, anche dopo aver abolita la guerra, l'umana famiglia non ebbe pace ancora. Vi erano troppi affamati e troppi infelici; e la pietà del dolore, non la ragione, portò l'Europa al socialismo.

Fu sotto l'ultimo papa (credo si chiamasse Leone XX), che un re d'Italia scese spontaneo dal trono, dicendo che voleva per il primo tentare il grande esperimento del socialismo. Morì fra le benedizioni di tutto un popolo e i trionfi della gloria. I suoi colleghi caddero protestando e bestemmiando.

Fu una gran guerra, ma di parole e di inchiostro; fra repubblicani, conservatori e socialisti; ma questi la vinsero.

L'esperimento generoso, ma folle, durò quattro generazioni, cioè un secolo; ma gli uomini si accorsero di aver sbagliato strada. Avevano soppresso l'individuo e la libertà era morta per la mano di chi l'aveva voluta santificare. Alla tirannia del re e del parlamento si era sostituita una tirannia ben più molesta e schiacciante, quella d'un meccanismo artificiale, che per proteggere e difendere un collettivismo anonimo soffocava e spegneva i germi delle iniziative individuali e la santa lotta del primato. Sopprimendo l'eredità, la famiglia era divenuta una fabbrica meccanica di figliuoli e di noie sterili e tristi.

Un gran consesso di sociologi e di biologi seppellì il socialismo e fondò gli Stati Uniti del mondo, governato dai migliori e dai più onesti per doppia elezione. Al governo delle maggioranze stupide subentrò quello delle minoranze sapienti e oneste.

L'aristocrazia della natura fu copiata dagli uomini, che ne fecero la base dell'umana società. Ma pur troppo non siamo ancora che a metà del cammino. L'arte di scegliere *gli ottimi* non è ancora trovata; e pensatori e pensatrici, i sacerdoti del pensiero e le sacerdotesse del sentimento, travagliano ancora per trovare il modo migliore, perchè ogni figlio di donna abbia il posto legittimo, che la natura gli ha accordato nascendo.

Si sono soppressi i soldati, il dazio consumo, le dogane, tutti gli strumenti della barbarie antica. Si è soppresso il dolore fisico, si è allungata la vita media, portandola a 60 anni; ma esiste ancora la malattia, nascono ancora dei gobbi, dei pazzi e dei delinquenti, e il sogno di veder morire tutti gli uomini di vecchiaia e senza dolore è ancora lontano. —

Maria taceva, ascoltando, e Paolo tacque anch'egli, come oppresso da una grande malinconia. I ventimila anni di storia gli parevano troppo lungo tempo per così piccolo cammino percorso sulla via del progresso.

Maria volle rompere quel silenzio e dissipare quella malinconia; e coll'agilità mobile e intelligente che hanno tutte le donne, volle far fare al pensiero del suo compagno un gran salto.

— Dimmi, Paolo, perchè fra le tante lingue morte tu hai studiato con particolare amore l'italiano? È una curiosità che ho da un pezzo e che tu non mi hai mai soddisfatto. Non sarà di certo per poter leggere nell'originale *L'anno 3000?*

— No, mia cara, è perchè la letteratura italiana ci ha lasciato la *Divina Commedia* e *Giovanin Bongé,* Dante e Carlo Porta, i due poeti massimi del sublime e del comico. Li leggeremo insieme questi due grandi poeti e tu vedrai che ho cento ragioni di voler studiare l'italiano prima d'ogni altra lingua morta.

Nessuno ha saputo toccare tutte le corde del cuore umano come l'Allighieri e nessuno ci ha fatto ridere più umanamente del Porta.

Per capire però il Porta non basta saper l'italiano, ma si deve studiare il milanese, un dialetto molto celtico, che si parlava dieci secoli or sono in gran parte della Lombardia, quando l'Italia aveva più di venti dialetti diversi.

E poi, anche senza Dante e senza il Porta, io avrei studiato l'italiano prima d'ogni altra lingua morta, perchè essa era la figlia prediletta e primogenita del greco e del latino e in sè concentrava i succhi di due fra le massime civiltà del mondo, e ad esse se n'aggiunse una terza di suo, non meno gloriosa delle altre. Parlando italiano si ripensa Socrate e Fidia, Aristotile e Apelle; si ripensa Cesare e Tacito; Augusto e Orazio; Michelangelo e Galileo; Leonardo e Raffaello. Mai nessuna altra lingua ebbe una genealogia più nobile e più grande. Ecco anche perchè, quando si fondarono gli Stati Uniti d'Europa, per facile consenso di tutti, Roma fu scelta a capitale. —

— Paolo mio, tu mi fai troppo superba di essere romana! —

E di nuovo i due fidanzati tacquero, mentre il loro *idrotaco* scorreva sulle onde del golfo, rompendo ad ogni suo movimento le maglie della rete d'argento, distesa sul pelo dell'acqua.

Intanto si avvicinavano all'antico Arsesenale di Spezia e un suono monotono e lugubre giungeva al loro orecchio; ora confuso e appena percettibile, ora chiaro e distinto; secondo le vicende della brezza notturna.

Gli occhi di Paolo e di Maria si volgevano là donde quel suono veniva e pareva che sorgesse dall'onda, dove un corpo rotondo galleggiava sull'acqua, come un'immensa testuggine marina.

Verso quel punto diressero la loro navicella e il suono si andava facendo più forte e più triste. A pochi passi da quel corpo galleggiante fermarono l'*idrotaco*.

— Che cos'è questo corpo?

— È un'antica boa, a cui i barbari del

secolo XIX attaccavano le loro corazzate maggiori. È rimasta qui dopo tanti secoli arrugginita e obbliata per memoria di un tempo, che per fortuna degli uomini non ritornerà più. —

Intanto il suono triste e monotono, che usciva dalla boa, era divenuto chiarissimo.

Era un suono doppio e straziante, fatto di due note; un lamento e un tonfo. Prima era un *ihhh* stridente e prolungatissimo, e poi, dopo una pausa breve, un *bumhh* cupo e profondo, e una nuova pausa, e un ripetersi incessante del lamento e del tonfo.

Anche il cuore umano misura il breve giro del quadrante della vita con due suoni alterni, un *tic* e un *tac*; ma son suoni allegri, quasi festosi.

Quell' *ihhh* e quel *bumhh* invece sembravano i palpiti di un cuore gigantesco e straziato, che battesse il tempo del nostro pianeta.

— Dio mio, dimmi, Paolo, perchè quella boa si lamenta? Par che soffra e pianga.

— Pazzarella, — rispose egli, sorridendo forzato. — Il lamento è lo stridere dell'anello arrugginito della boa e il tonfo è il batter dell'onda sulla cassa vuota. —

Paolo però, dando la spiegazione fisica di quel suono alterno, era preoccupato da altri pensieri, che spaziavano in un mondo più alto e più lontano.

E i due tacquero ancora e lungamente.

— Andiamo via, torniamo a terra, questa boa mi fa terrore, mi fa piangere.

— Hai ragione, andiamo via. Questo lamento rattrista anche me. Mi par di veder qui l'immagine dolorosa di tutta la storia umana. Un lamento, che sorge dalle viscere dei bambini appena nati, dei giovani straziati dall'amore, dei vecchi che hanno paura della morte; di tutti i malcontenti, di tutti gli affamati di pane o di gloria, di ricchezza o di amore. Un lamento, che si innalza da tutto il pianeta, che piange e domanda al cielo il perchè della vita, il perchè del dolore.

E a quel lamento di tutto il pianeta risponde il destino, il fato con quel tonfo cupo e profondo:

Così è, così deve essere, così sarà sempre.

— No, Paolo; non è così, non sarà sempre così! Pensa alle corazzate omicide che non ci son più, pensa alla guerra che più non esiste; pensa al progresso che mai non posa. Anche questa boa, che sembra ripeterci coi suoi palpiti l'eterno lamento dell'umanità, e la crudele risposta del fato, tacerà un giorno, disciolta dalle acque del mare....

— E così sia, — disse Paolo, accelerando il moto della navicella, per fuggire all'incubo di quel suono lamentevole e straziante . . . .
. . . .

Al mattino seguente il sole più fulgido brillava nel cielo di Spezia invece della luna. La vita operosa del lavoro teneva dietro alla malinconia della notte; e i due fidanzati, dopo aver visitato alcune carcasse delle vecchie corazzate, rimontando nell'*aerotaco*, spiccarono il volo verso Oriente, donde sempre è venuta agli uomini colla luce del giorno la speranza, che mai non muore.

Capitolo Secondo.

Da Spezia alle antiche Piramidi d'Egitto. — Dalle Piramidi all'Isola degli Esperimenti. — Paese dell'Eguaglianza. — Tirannopoli. — Turazia o la Repubblica socialista. — Logopoli. — Altri governi e altri organismi sociali.

Paolo e Maria, spiegando il loro volo, dalla Spezia giunsero ben presto al disopra della Sicilia, dove mandarono dall'alto un saluto all'Etna, che da parecchi secoli era spento del tutto.

Il dì seguente erano in Egitto e con un buon cannocchiale vedevano le Piramidi, sempre ferme al loro posto dopo una così lunga corsa di storia. Eran rimaste incrollabili nella loro granitica impassibilità, ma ai loro piedi si infrangevano le onde di un nuovo mare venuto per opera gigantesca di uomini a prendere il posto di tutti i deserti africani. L'acqua aveva preso il luogo della sabbia, e per questo solo fatto il clima dell'Europa si era rinfrescato di molti gradi, senza che perciò fosse ritornata una nuova epoca glaciale. Nell'anno 3000 gli uomini maneggiavano con tale artifizio le forze della natura, che bastava dirigere una forte corrente di aria calda verso i poli per sciogliere gli immensi ghiacci, che un tempo occupavano gran parte della zona polare.

Maria mostrò il desiderio di visitare le Piramidi, e Paolo la ubbidì subito, facendo discendere l'*aerotaco* in pochi minuti al piede di quei giganti di pietra.

Salirono sulle Piramidi e Paolo spiegava i motti e i nomi incisi nella pietra in lingue ormai morte da un pezzo da gente scomparsa da secoli.

Fecero colazione sulla spiaggia, e chiesta una reticella a un pescatore di quel luogo, vollero fare una partita di pesca.

In meno d'un'ora la loro barchetta era piena di pesci, dacchè la pesca era allora molto facile. La rete sottilissima, ma tenace ad ogni resistenza, si calava a semicerchio e nel centro dell'arco si celava una piccola lampada elettrica, che dava nel profondo del mare una luce vivissima, richiamando a sè da lungi i grandi e i piccoli abitatori dell'acque. Dopo una mezz'ora si chiudeva la rete, rinserrando in sè come in una borsa tutti i curiosi della luce e si ritirava nella barca la facile preda.

Paolo, scegliendo soltanto dalla gran massa alcuni tra i pesci più squisiti, restituiva gli altri al mare.

Pranzarono sulla spiaggia col pesce ghermito e colle loro provviste tolte all'*aerotaco* e passarono la notte sdraiati sulla morbida arena, contemplando la luna e ricordando gli antichi Egizii e i Turchi e gli Italiani, che si erano succeduti nel dominio di quella terra un tempo deserta; oggi fertilissima.

Maria aveva preso tanto gusto nella gita sul mare, che con un profondo sospiro, disse a Paolo:

— Perchè non continueremo noi domani il nostro viaggio per mare?

— E perchè no? — soggiunse Paolo; — per l'appunto questa sera passerà di qui il *Cosmos*, nave postale, che da Londra va alle Indie, toccando Ceilan. Il viaggiare per l'aria non priva l'uomo del viaggiare per terra e per acqua e noi andremo a Ceilan nel postale inglese. Anche coll'*aerolaco* mi sarei fermato in quell'isola curiosa, dove come in un museo si conservano tutte le forme dei governi passati. È perciò che vien chiamata anche l'*Isola degli esperimenti*. —

Alla sera il *Cosmos* gettava l'áncora ai piedi delle Piramidi, sbarcando molti passaggeri che volevano visitarle.

Il *Cosmos* è ben diverso dagli antichi piroscafi. È piccolissimo in confronto delle antiche navi, perchè la sua macchina non è mossa dal vapore, ma dall'elettricità, e l'acqua del mare è decomposta da una pila economica e semplicissima, per fornire l'idrogeno, il nuovo combustibile, e poi distillarla onde avere l'acqua potabile. Non c'è più bisogno di un immenso spazio per portarsi seco il carbone, che si bruciava un tempo negli antichi piroscafi.

La nave è costruita in un bronzo speciale di alluminio e di iridio, metallo leggerissimo e tenace più del ferro. Nessun fumo, nessun cattivo odore, e una grande velocità nei movimenti; per cui, toccando terra ogni giorno, i passaggeri hanno sempre viveri freschissimi.

Abolito del tutto il mal di mare, perchè appena le onde infuriano, dalla prua esce un getto a spruzzo di una sostanza oleosa che si spande sull'acqua e calma come per incanto il tumulto della procella.

Del resto sul *Cosmos* tutti i comodi e gli svaghi di una grande e ricca città.

Non più cabine strette e asfissianti con tutti gli odori più disgustosi della cucina, della macchina a vapore e della imperfetta ventilazione.

Camere ampie e ben mobigliate, perchè non si accolgono che pochi passaggeri. Musica e fiori da per tutto e una cucina, che appresta ad ognuno e a tutte le ore ciò che più desidera. Una ricca biblioteca; giuochi d'ogni genere. Il servizio invisibile, perchè tutti possono con semplici bottoni manifestare i proprii desiderii e i proprii bisogni. Il capitano, amico di tutti, più che comandante, e padrone di lunghe ore di svago e di conversazione.

Ogni sera un piccolo teatro, dove si alternano le rappresentazioni drammatiche colle musicali, e dove i passaggeri, facendo da dilettanti, si divertono e divertono.

L'immobilità quasi assoluta della nave permette anche il ballo e perfino il giuoco del bigliardo, che con artificiosa combinazione fa sì che le leggere oscillazioni della nave non turbino punto il movimento delle biglie, diverse anch'esse dalle nostre.

Dalle Piramidi a Ceilan i nostri viaggiatori non impiegarono che due giorni, e poche ore prima dell'arrivo l'isola deliziosa annunziava già la sua vicinanza con un intenso profumo di rose, che imbalsamava l'aria e innamorava le anime.

Sbarcarono al porto dell'*Eguaglianza,* una delle città di Ceilan e la più moderna.

L'avevano fondata gli *Egualitarii,* gente

che credeva di aver risolto il problema dell'umana felicità, eguagliando tutti gli uomini nei diritti e nei doveri; nella ricchezza, nel vestito, in ogni cosa.

Paolo e Maria, appena scesi a terra, trovarono una folla di curiosi, che aspettavano l'arrivo del postale inglese. Eran tutti vestiti alla stessa foggia, di seta bianchissima, tutti quanti senza barba; per cui non si poteva neppure distinguere il sesso. Anche le donne portavano i capelli corti e tagliati alla stessa maniera come gli uomini. Solo parlando loro, la voce diversa distingueva il sesso. Anche l'età era difficile a scoprirsi, perchè i vecchi si tingevano di nero i capelli; tutto e sempre in omaggio dell'eguaglianza universale.

Il porto si apriva sopra una gran piazza tutta cinta da case della stessa altezza e dello stesso colore e a cui mettevan capo dodici grandi vie, disposte a guisa di ventaglio. Le vie diritte e anch'esse con case della stessa altezza e dello stesso colore.

Paolo e Maria presero a caso una delle

vie, guardando a destra e a sinistra per scoprire qualcosa di diverso, che li distraesse da quella monotonia fredda e noiosa.

Gli abitanti camminavano tutti dello stesso passo, nè lento nè affrettato; e parevano esprimere la stessa cosa, cioè una noia immensa, una indifferenza per tutto e per tutti. Pareva perfino che avessero tutti la stessa fisonomia.

Sperando che quelli egualitarii intendessero la lingua cosmica, Paolo diresse ad un viandante una domanda:

— Dove potremmo noi trovare alloggio per un giorno, e chi è il capo di questa città?

— Potete bussare a qualunque casa e tutti vi daranno l'ospitalità e nello stesso modo. Quanto al capo, lo troverete nella via 6.ª al numero 1000, dacchè le nostre case non si distinguono che per cifre: così come noi tutti non abbiamo nome, ma al nascere riceviamo un numero, che ci distingue da tutti gli altri e che portiamo fino alla tomba. Quando uno di noi viene a morire, il primo che nasce prende il suo numero, onde la serie non sia interrotta. Il numero più alto è quello dell'ultimo nato e rappresenta anche la cifra esatta della popolazione, che oggi è di 10 000.

Quanto al capo della città, si chiama il *Diverso di quest'oggi*, perchè ogni giorno per turno ognuno di noi, che abbia più di vent'anni, uomo o donna non importa, diventa capo per un giorno solo, e al numero 1000 scioglie i problemi d'ordine che possono offrirsi; amministra la giustizia e fa insomma tutto ciò che nell'Andropoli fanno centinaia d'impiegati.

Del resto il governo dell'*Eguaglianza* è facilissimo, perchè nella casa del *Diverso di quest'oggi* sta esposto a tutti il codice, che stabilisce e regola la vita di ciascuno.

Noi abbiamo in orrore la diversità, perchè offende la giustizia, che è la nostra Dea; e ognuno di noi denunzia subito al *Diverso d'un giorno* chi nel vestire, nel mangiare o in qualsiasi cosa si comporti diversamente dagli altri. —

Maria non potè frenar le risa a questo discorso dell'egualitario, ma questi non ebbe tempo di accorgersene, perchè, salutati i viaggiatori, aveva già ripreso il suo passo cadenzato e monotono.

— Ma, Paolo mio, noi siamo venuti in una gabbia di matti! Andiamo via e presto.

— Ma no, Mariuccia mia! Questo regno dell'Eguaglianza mi par curioso assai e vorrei studiarlo più da vicino. Son più di mille e cento anni che i francesi fecero una terribile e sanguinosa rivoluzione per conquistar fra le altre cose l'*eguaglianza*. Si tagliarono colla ghigliottina migliaia di teste innocenti, ma gli uomini continuarono a nascere gli uni diversi dagli altri e le gerarchie sociali si adagiarono nella società in cui oggi viviamo e dove la giustizia concede non più le stesse cose a tutti, ma bensì ciò che ognuno si merita. Ma ecco qui che nell'*Isola degli esperi-*

menti troviamo dopo undici secoli rinnovellato lo stesso sogno del 1789.

— Meno male che qui non vedo la ghigliottina e questi matti di egualitarii si sono liberamente raccolti per attuare il loro sogno.

— Ma io, dolce compagna mia, mi sento un grande appetito e vorrei picchiare alla prima porta, che incontriamo per chiedere l'ospitalità. —

E così fecero i nostri viaggiatori.

Al numero 365 della via numero 6 entrarono in una casa dell'Eguaglianza, che aveva spalancate le sue porte, come tutte le altre.

Nel vestibolo trovarono una creatura bianco-vestita. Sarà un uomo o una donna?

Era molto difficile il dirlo; ma quando aprì la bocca per salutarli, si accorsero che era una donna e che parlava come tutti gli altri la lingua cosmica.

— Perdoni, signora, ci hanno detto che in questa città non vi sono alberghi, e che ogni casa offre l'ospitalità ai viaggiatori.

E perciò vorremmo pregarla a darci da colazione.

— Entrino e si mettano a sedere. Mi duole però doverle dire, che l'ora della colazione è passata e converrà che aspettino l'ora del pranzo, che è alle diciassette.

— Scusi, signora; ma abbiamo molto appetito e ci basterebbe il più modesto spuntino: due uova e un po' di pane.

— Non potrei trasgredire la legge dell'Eguaglianza. Da bravi viaggiatori avrete con voi qualche piccola provvista, che vi permetterà di aspettare l'ora del pranzo, che si farà in comune. Intanto eccovi aperta la camera degli ospiti, che è per l'appunto libera. —

Paolo e Maria avevano sempre nella loro borsetta da viaggio degli albuminoidi condensati e degli alimenti nervosi, per cui chiedendo mille scuse all'egualitario si raccolsero nella camera degli ospiti, ridendo come due pazzi della singolarità dei costumi di quel paese.

Venuta l'ora del pranzo, sentirono suonare un campanello elettrico, che lo annunziava, e nello stesso tempo suonavano tutti i campanelli della città.

Introdotti nella sala da pranzo, videro sedute a mensa cinque persone, il babbo, la mamma e tre figliuoli. Nessun cameriere, nessuna serva. Per turno si alzava ora il padre, ora la madre, ora uno dei tre figli e da uno sportello aperto nel muro prendevano le vivande, preparate da essi in cucina con piccola fatica personale e congegni ingegnosissimi di meccanica e di chimica.

Il padrone di casa, poco diverso dalla padrona nella fisonomia, e in tutto eguale ad essa nel vestito, era ilare e cogli ospiti gentilissimo. Si informava del loro viaggio, dava notizie preziose sulla città dell'Eguaglianza e sugli altri Stati dell'isola, ma sopratutto ci teneva a portare a cielo la perfezione sociale del governo sotto cui viveva.

— Vedete, che mirabile cosa è questo sistema, tutto ordine e simetria! A questa stessa ora nella nostra città tutti pranzano e tutti mangiano la stessa cosa, e in molte mense siede anche lo stesso numero di persone, dacchè il celibato è proibito; come è proibito avere più di tre figli. Soltanto nel caso in cui la sventura ce ne involi uno, possiamo sostituirlo con un quarto.

Il primo d'ogni mese tutti i capi di famiglia mandano alla casa del *Diverso d'un giorno* la proposta dei cibi, che si dovrebbero mangiare a colazione, a pranzo e a cena, e la maggioranza delle proposte divien legge per tutti. Così si variano le vivande e le ore dei pasti a seconda delle stagioni e della pubblica salute. Non vi par questo l'ideale d'una società? Nessuno primo, nessuno secondo; ma tutti eguali. Nessuna ambizione, nessuna lotta per il potere, che abbiamo tutti quanti per un giorno; nessuna invidia. Che ve ne pare? —

Paolo non voleva umiliare un uomo così gentile, nè disingannarlo nella beatitudine sicura delle sue convinzioni. Si accontentò di dire:

— Di certo, il vostro organismo sociale è molto curioso, molto originale....

— Oh, caro signore, non è soltanto curioso e originale; ma è la perfezione, l'ideale di tutti i governi umani.

— Ma come riuscite a far trovar piacevoli a tutti le stesse cose? Gli uomini nascono tanto diversi gli uni dagli altri....

— Può darsi, ma l'abitudine delle stesse cose li rende sempre più eguali e noi speriamo col tempo di farli nascere tutti eguali, tutti della stessa robustezza, della stessa intelligenza, degli stessi gusti. Una legge votata nello stesso anno impone a tutti di fecondare la propria moglie soltanto il primo di maggio. Quanto all'amore, lo facciamo tutti alla stessa ora, ogni mattina, quando suona una campana speciale dalla casa del Governo. Non vi par bello, poetico il pensare che voi mangiate, che voi dormite, che voi passeggiate alla stessa ora di tutti i vostri concittadini? —

Qui Paolo, frenando a stento il sorriso, non potè a meno di dire:

— Caro signore, fino dal 1600 i Gesuiti del Paraguay avevano pensato la stessa cosa, e una certa campana suonata al mattino, ingiungeva ai cittadini di porgere il loro tributo a Venere feconda....

— Non so chi fossero questi Gesuiti, dei quali mi parlate, ma trovo che un'idea, che rimane dopo tanti secoli, deve avere un serio fondamento nei bisogni della natura umana....

— Io credo invece, — soggiunse Paolo, — che la natura umana è così elastica, è così proteiforme, che ci permette di ripetere a lunghi intervalli le stesse esperienze, e di ritentare le stesse strane utopie, come credo che sia questa vostra repubblica egualitaria. —

⁂

Il giorno dopo i nostri viaggiatori partirono dall'Eguaglianza e si diressero a Tirannopoli, piccolo stato, dove il popolo viveva sotto il regime dispotico d'un piccolo tirannetto, Niccolò III, che portava il titolo di *czar* in memoria degli imperatori di Russia, che avevano governato molti secoli prima gran parte dell'Europa orientale e dell'Asia occidentale.

Non si fermarono che un giorno indignati della pecoraggine di quella gente, che ubbidiva a un uomo solo, che non aveva altro merito che quello di essere nato da Niccolò II, che alla sua volta aveva ereditato il trono di Niccolò I, fondatore della dinastia.

Tirannopoli formicolava di soldati, che non avevano a difendere la patria, che non aveva nemici; ma che facevano la parte di carabinieri e di guardie di pubblica sicurezza, riferendo ogni giorno al Capo della polizia ciò che avevano veduto e udito nel loro spionaggio quotidiano.

Una parola sola poco riverente pronunciata contro lo czar era punita col carcere e ogni tentativo di ribellione si meritava la pena di morte, che veniva eseguita collo strangolamento.

Niccolò era non solo re assoluto, ma anche capo della religione. Questa era semplicissima: adorazione di un Dio solo e dei suoi santi, che erano tutti tiranni celebri nella storia del passato. Augusto, Tiberio, Nerone, Ezzelino da Romano, Luigi XI, Luigi XIV, Enrico VIII d'Inghilterra, Napoleone I, Re Bomba di Napoli, Pietro il Grande e tanti altri erano altrettanti santi, che avevano il loro tempio e il loro culto.

Intorno al trono vi era una doppia aristocrazia, la civile e la religiosa, strette entrambe da vincoli di parentela e di una comune solidarietà. Portavano titoli diversi secondo la gerarchia a cui appartenevano e in cambio dei servigi, che rendevano al trono, erano pagati lautamente; senza far altro che difendere il trono e l'altare.

Tirannopoli era circondata da Stati liberi e qualche cittadino era riuscito a fuggire dalla tirannia di Niccolò III per recarsi all'Eguaglianza, alla Metropoli del socialismo, allo Stato parlamentare; ma l'emigrazione era rara e difficile, essendo punita colla morte, se si poteva ghermire il colpevole. In caso diverso era punita nelle persone dei congiunti più vicini al colpevole.

Del resto l'emigrazione era rarissima per un'altra ragione. Gli abitanti di Tirannopoli, nati da due generazioni di schiavi, nascevano già rassegnati e pazienti della schiavitù e ubbidivano alle leggi più assurde e tiranniche.

I più intelligenti e i più fieri speravano in un Messia, che aveva di là a venire, che avrebbe ucciso il tiranno e distrutta l'aristocrazia dominante, dando a tutti la luce della libertà.

Quando Paolo e Maria, inorriditi dal triste spettacolo di quella società di schiavi, stavano per uscire dalla frontiera di quel paese, s'incontrarono con un giovane signore, che Paolo aveva conosciuto a Roma, quando vi faceva i suoi studi e che poi si era recato per diporto ad Andropoli. Fin da fanciullo aveva istinti tirannici e divenuto uomo, in pubbliche conferenze e in articoli di giornali, predicava la necessità di rinforzare il Governo degli Stati Uniti d'Europa con leggi restrittive. Ora il tribunale supremo di Andropoli gli aveva imposto di recarsi per un mese nell'Isola di Ceilan e vedere cogli occhi suoi, che bella e buona cosa fosse uno Stato governato coll'antica tirannide.

Fu egli stesso che narrò ai due sposi lo scopo del suo viaggio, e Paolo, ridendo, gli disse:

— Vai, vai a Tirannopoli e un mese sarà soverchio tempo, perchè tu possa guarire dalle tue idee autoritarie. —

*

Continuando il loro viaggio di esplorazione Paolo e Maria giunsero a Turazia, capitale d'un piccolo Stato governato dal Socialismo collettivo.

Le cose si rassomigliavano assai a quelle

vedute da essi nella città dell'Eguaglianza e non erano meno curiose e ridicole.

Incontratisi in un giovinetto che passeggiava per la via, gli chiesero l'indirizzo di un albergo e mentre egli li accompagnava entrarono in conversazione con lui, chiedendogli di chi fosse figlio:

— Non lo so, come non lo sa alcuno degli abitanti di questo paese. Non conosco che mia madre, ma siccome essa ebbe molti amanti, parecchi pretendono di avermi data la vita. Qui il nostro cognome è quello della mamma, perchè l'amore è libero e non esiste il matrimonio. I figli son tutti dello Stato, che è il gran padre di tutti. —

Maria chiese ancora a quel giovinetto socialista, perchè la loro città si chiamasse Turazia.

— È in onore d'un certo Turati, che visse in Italia verso la fine del secolo XIX e che fu uno dei più onesti e ragionevoli socialisti di quel tempo e che colla penna e colla parola preparò l'avvento della gran

Repubblica socialista, che governò più tardi l'Europa. —

Maria s'interessò vivamente allo studio di Turazia e Paolo in poche parole le fece la storia della grande e generosa utopia del socialismo, ch'egli definiva un'arcadica tenerezza del cuore accompagnata dalla più profonda ignoranza della natura umana.

— Vedi, Maria, fin dal 1895 l'Europa contava socialisti di diverse specie, e un certo Bianchini, arguto e profondo scrittore di quel tempo, ne trovava tre diverse categorie.

In prima fila vi erano i *socialisti della scienza,* una scienza nella sostanza non sempre purissima, ma che nell'esteriorità curava gelosamente il proprio incedere grave, sistematico, dignitoso.

Questi socialisti dicevano giorno, ora e minuto della prossima trasformazione sociale e del relativo fallimento borghese. Le loro trovate non peccavano di eccessiva varietà. Si lavorasse troppo o non si lavorasse affatto, vi fosse ingombro o deficienza, piovesse o tempestasse, essi non vedevano al mondo che l'*infame capitale* in basso e *Dio Marx* in alto, un grande precursore del Turati.

Vi erano poi i *socialisti della letteratura*: qualche uomo di talento, alcuni mediocri, e dietro il gregge infinito degli autori traditi dalla sorte, cui l'avvento del socialismo sorrideva come una rivendicazione della propria genialità incompresa, ad una santa opera nella quale la tirannia del capitale più non tarperebbe le ali ai voli sconfinati del pensiero.

Essi sognavano il giorno felice, in cui la sordida avarizia degli editori più non contrasterebbe l'ineffabile dolcezza di far gemere i torchi, e quel sogno li esaltava, faceva vibrare le parti più sensibili e più accese del loro cuore.

Il socialista letterato era un animale entusiasta, espansivo, convinto fino all'assurdo delle proprie idee, ma personalmente molto innocuo.

Il Bianchini distingueva per ultimo i *socialisti della cattedra*, e trovava al suo tempo, che erano pochi, ma singolarmente cocciuti.

Erano uomini spaventosamente eruditi, che si erano tuffati col più eroico dei coraggi nel mare magno delle leggi e degli istituti giuridici per ricavarne l'infallibile ricetta, che doveva cancellare dal dizionario umano la triste parola di *dolore*. Il loro lavoro speculativo li aveva inconsciamente separati dal mondo dei viventi per portarli in un ambiente, in cui non si riconosceva che una divinità, *la legge:* che era tutto, doveva tutto, poteva tutto. Non vi era esigenza fisiologica o naturale, che si degnassero considerare nell'uomo, ma colla massima disinvoltura essi la perfezionavano, volgevano e capovolgevano così come domandavano i bisogni del loro sistema prestabilito. E accanto ai *maestri*, lavoratori sobrii, illusi in buona fede, sorgevano i discepoli leggeri, superficiali, che si pavoneggiavano nella loro veste pretensiosa di essere superiori a buon mercato.

Studiando la storia del socialismo però,

cara Maria, io credo che alle tre specie di socialisti magistralmente definiti dal Bianchini sulla fine del secolo XIX se ne debba aggiungere una quarta, che era fors'anche la più numerosa ed è quella dei *socialisti per pietà*. A questi appartenne Edmondo De Amicis, un celebre scrittore italiano del secolo XIX.

E questi sono per l'appunto quelli che, dopo undici secoli, hanno voluto ritentare l'antica prova, fondando qui nell'isola di Ceilan lo Stato di Turazia.

Il dolore fisico non esiste più, ma esistono ancoro molte e molte forme di dolore morale, ad onta che si cerchi di sopprimere dalla nascita i delinquenti nati e tutti i mostri e tutti gli organismi consacrati a morire immaturamente e di malattie ereditarie. Qualche volta i biologi periti sbagliano e lasciano vivere uomini, che per la loro costituzione son condannati a soffrire o a far soffrire gli altri, se non fisicamente, moralmente; dacchè la pietà altruistica è un acerbo dolore.

Aggiungi a questo la lotta delle individualità forse troppo libere nei loro movimenti e che fanno nascere spesso contrasti, contraddizioni, disuguaglianze.

Da quel poco che ho veduto qui in Turazia mi pare che l'esperimento, che non dura che da cinque anni, non avrà lunga vita. La gran massa del popolo socialista è costituita da ignoranti e da gente di carattere debolissimo, venuta qui, sperando di trovarvi una panacea ai loro mali. Alla testa ho veduto uomini d'ingegno, ma con più cuore che testa, e che si affannano a risolvere questa specie di quadratura del circolo; cioè di dare a tutti quel che spetta a ciascuno, misurando con equa bilancia il valore del lavoro, che è così diverso nei diversi organismi umani.

Lo Stato è divenuto una specie di tumore gigantesco, che assorbe tutto colla santa intenzione di distribuire a tutti un egual quantità di sangue e di vita; ma questa distribuzione è fatta da uomini, che per quanto intelligenti e buoni, son pur sempre uomini ed hanno le loro simpatie, le loro passioni; e d. qui altrettante cause di errore e di malcontenti.

Nota poi, che la impossibilità di accumulare il frutto del lavoro per lasciarlo ai figliuoli toglie ogni nerbo all'energia individuale e una grande apatia regna sovrana nell'atmosfera di questo Stato, dove se non vi sono nè oppressori, nè oppressi, mancano però le sante e poderose lotte del primato e le più belle e nobili energie abortiscono, perchè è a loro negato il lavoro.

Ieri, mentre tu dormivi, ho avuto una lunga conversazione con uno dei capi principali di Turazia, ma trovai in lui un grande poeta, invece di un sapiente uomo di Stato.

Egli era entusiasta del nuovo esperimento e mi diceva che la Repubblica socialista ha un grande avvenire ed è destinata poco per volta ad assorbire tutte le società planetarie. Alla mia obbiezione che essi avevan soppresso Dio e la famiglia, cioè il tempio in cui si crede o si spera e il nido in cui si ama, egli, crollando il capo in aria di compassione e colla voce ispirata e calda di un apostolo e di un profeta mi rispondeva:

" Sì, è vero, abbiamo soppresso Dio, perchè è una menzogna. Abbiamo soppressa la famiglia egoistica e animalesca; ma l'abbiamo allargata, portandone i confini a ben più largo giro. Qui siamo tutti fratelli e i giovani son figli dei vecchi. La parentela non è soltanto del sangue, ma del cervello, del cuore, di tutti i nervi che fanno vibrare la natura umana ai sussulti della gioia e del dolore. La gioia di un solo è gioia di tutti; il dolore di un solo è dolore di tutti.

" L'individuo, che voi altri planetarii, avete fatto un Dio, qui da noi non è che la molecola, l'atomo sociale, un membro del grande organismo, che è lo Stato. Noi non sentiamo il bisogno di maggior libertà, nè di maggiore agiatezza, perchè lo Stato pensa per noi e a tutti distribuisce ciò che gli spetta. Noi abbiam copiato ciò che fa la natura, quando plasma gli organismi del mondo vegetale e del mondo animale.

" Forse che il braccio o un dito del piede o uno dei tanti nostri visceri si lamenta del lavoro che gli spetta nel grande travaglio della vita? No di certo: ognuno dei nostri organi lavora per sè e per gli altri e vive nello stesso tempo della vita propria e della vita collettiva. Voi altri, individualizzatori fanatici, potete salire in alto finchè volete; potete sentirvi potenti, ricchissimi; ma siete sempre unità. Io invece, vedete, sento fremere in me la vita di tutti i 30 000 fratelli, che per ora costituiscono la Repubblica sociale di Turazia, come se la coscienza del mio Io fosse grande come quella di tutti i miei concittadini. „

Molte altre e belle cose disse quel socialista, e anche a lui non ebbi il coraggio di gettare in faccia una sola delle tante obbiezioni, che mi venivano al labbro.

Mi accontentai di stringergli forte la mano, dicendogli:

" Vi ammiro e vi invidio, benchè sia di

opposto parere sulla forma di governo sociale che vi siete data. Ogni entusiasmo, ogni fede ardente è sempre un fenomeno del pensiero, che sorprende e che per di più fa felice chi ne è capace. „ —

*

Da Turazia i nostri pellegrini, viaggiando nell'interno dell'Isola, si recarono a Logopoli, o città della parola; una nuova ricostruzione di un antico Stato parlamentare.

Vi trovarono poco di nuovo e di interessante. Logopoli è una copia perfetta dell'antica Inghilterra, quando era uno Stato indipendente retto da un governo parlamentare. Di diverso non c'è che questo; che il Re non è un capo ereditario, ma elettivo.

Ogni cinque anni Camera e Senato si riuniscono in una sola assemblea per dare il loro voto nell'elezione del Re.

Questo Capo dello Stato è però un Re

travicello, che non fa che firmare i decreti e a cui hanno tolto anche il diritto di grazia. Ha un ricco appannaggio e porta intorno la maestà e gli orpelli del suo alto posto.

Del resto ministri, deputati e senatori, come negli antichi Stati a regime parlamentare. Gli stessi intrighi, le stesse corruzioni per essere eletti membri dell'una o dell'altra Camera, essendo a Logopoli elettivi anche i senatori. Pagati gli uni e gli altri profumatamente, ma esclusi da ogni impiego. Così pure esclusi tutti gli avvocati e quelli che abbiano interessi comuni colle imprese dello Stato.

La rappresentanza del popolo però è divenuta un po' più sincera e seria; dacchè ad ogni votazione importante, ad ogni atto politico di grande gravità, sia pur di un ministro, di un deputato o di un senatore, gli elettori del Collegio hanno diritto di riunirsi in comizio straordinario e di dare un voto di disapprovazione al loro rappresentante. Questi cessa da quel momento di essere membro del Parlamento o del Gabinetto e dev'essere sostituito per via di una nuova elezione.

Questa ed altre riforme di minor conto hanno migliorato in Logopoli l'antica forma parlamentare, ma vi rimangono sempre queste due infermità organiche:...

Quella di fabbricar le leggi con una commissione di troppi individui, facendole mutevoli ad ogni accidente od incidente di persone o di cose.

E l'altra di mutar sempre al capriccio vagabondo degli elettori coloro che devono dettar le leggi e reggere il timone dello Stato.

*

I nostri compagni non visitarono tutti gli Stati dell'Isola degli esperimenti, ma soltanto i principali.

Oltre gli egualitarii, oltre Tirannopoli, Turazia e Logopoli, vi sono altre genti e altri paesi governati diversamente. Basta che un centinaio di uomini pensino un'utopia sociale nuova o ne ripensino una antica già sepolta da secoli, ed essi sanno che nell'Isola di Ceilan si trova sempre un piccolo o grande territorio vergine, dove possono fondare la nuova Repubblica o la nuova Teocrazia.

E così si fanno e rifanno gli esperimenti: così sorgono e muoiono città e falansteri e organismi nuovi e bizzarri; che servono poi di svago ed anche di scuola agli uomini politici degli Stati Uniti planetarii.

Paolo e Maria seppero infatti, che Ceilan possiede oltre gli Stati da essi visitati:

Poligama, staterello a governo semi-dispotico, dove ogni uomo ha molte mogli.

Poliandra, altro Stato, dove invece ogni donna ha molti mariti.

Cenobia, una immensa città ieratica, da cui sono escluse le donne e gli uomini vivono in un ascetismo continuo.

Monachia, piccola città tutta di monache date al culto di Saffo.

Peruvia, uno Stato comunista, dove si

ricopia l'antico regime socialista dell'Impero degli Incas; e dove la proprietà, essendo tutta dello Stato, si presta a ciascuno secondo i suoi bisogni, allargandone la frontiera secondo il numero dei figli. Così pure il lavoro, vien distribuito nei diversi giorni della settimana per sè, per i poveri e i malati, per il re e i principi e per le spese del culto.

Capitolo Terzo.

Viaggio all'isola di Dinamo, uno dei quattro grandi laboratorii della forza planetaria. — Il Museo storico dell'evoluzione meccanica del nostro pianeta. — Le tre grandi epoche storiche. — La scoperta di Macstrong e il *pandinamo*. — L'uffizio centrale della distribuzione delle forze cosmiche.

I nostri viaggiatori, dopo essersi riposati alcuni giorni in uno dei deliziosi alberghi dell'Isola degli Esperimenti, dopo aver passeggiato all'ombra di quei boschi di palme inghirlandate di rose; dopo essersi inebbriati di tutti i profumi di quella flora inesausta e divina, aspettarono un vapore italiano, che doveva portarli all'Isola di Dinamo e poi nelle Indie.

Il piroscafo italiano li portò in poche ore dal porto dell'Eguaglianza a Dinamo.

Quest'isola fu un tempo l'antica Andaman, abitata prima da una razza pigmea e selvaggia, che scomparve come tante altre sotto il contatto omicida delle razze europee e divenne colonia inglese, e poi, fondati gli Stati Uniti planetarii, uno dei quattro grandi accumulatori di energie cosmiche, chiamati Dinami; dei quali uno era posto a Malta, l'altro a Fernando di Noronha, un terzo in una delle Isole Kurili e un quarto per l'appunto nell'antica Andaman.

Paolo voleva che Maria vedesse uno di questi grandi laboratorii, dove si raccoglievano le energie planetarie e venivano poi distribuite per mezzo di fili in tutte le regioni del globo.

La Dinamo indiana, dove sbarcarono i nostri viaggiatori, era divenuta una città e una scuola. Città abitata dagli ingegneri, che dirigevano la gigantesca officina e scuola dove accorrevano da ogni parte del mondo gli scolari, che volevano avere il diploma di *dinamologhi,* o dottori nella scienza delle forze fisiche.

Sbarcando a Dinamo, nessun rumore stridente, nessun fumo disgustoso, che annunziasse un'officina, come invece era il caso delle antiche fabbriche. E per le vie nessun uomo sporco di carbone o di sugna, o colla faccia logorata da lavori malsani o eccessivi. Gli operai erano pulitamente vestiti, vigorosi d'aspetto, e quasi per nulla si distinguevano dai loro capi, gli ingegneri dinamologhi.

Alberi sempre verdi riuniti in boschetti e aiuole di fiori profumati separavano i diversi compartimenti dell'officina gigante.

I nostri due viaggiatori chiesero, se si potesse vedere il Direttore generale dell'isola, ed essi furono introdotti subito nel suo salotto, dove stava studiando.

Avevano per lui una lettera di presentazione ed egli, appena l'ebbe scorsa, li fece sedere, pregandoli ad aspettare un momento, perchè avrebbe incaricato un ingegnere di accompagnarli nei diversi laboratorii di Dinamo.

Pochi momenti dopo si presentò un giovane amabilissimo, che si mise a loro disposizione.

— Già, credo, che lor signori non siano specialisti, e che desiderano di fare una corsa rapida nelle nostre officine per farsi un'idea generale del modo, con cui qui produciamo le forze e le distribuiamo nei più lontani paesi del mondo. Siccome il nostro pianeta possiede altri tre grandi centri eguali al nostro, ci siam divisa la terra in quattro dipartimenti, e noi corrispondiamo con tutta l'Asia e colla Micronesia.

Dalla palazzina abitata dal Direttore scescero in un grande giardino. La palazzina era nel centro e da essa per tante strade divergenti, come i raggi di una ruota, si andava nei diversi laboratorii.

— Se credono, — disse l'ingegnere, — andremo prima di tutto nel Museo storico, dove vedremo la rapida evoluzione della meccanica attraverso i secoli dimostrata in altrettanti modelli.

Maria, che non conosceva l'esistenza dei grandi distributori planetarii della forza altro che di nome, era tutt'occhi e tutt'orecchi e passava di curiosità in curiosità; di ammirazione in ammirazione.

— Ecco, — disse l'ingegnere, entrando

nella prima sala del Museo, — i primi saggi preistorici della meccanica; le forze degli animali adoperate a vantaggio dell'uomo.

Si vedevano i primi aratri guidati dai bovi, i primi carri senza ruote, poi con ruote piene, poi con ruote a raggi trascinati da cavalli, da asini, da muli. Vi erano raffigurati tutti gli animali, che in tempi antichissimi avevano prestato i loro muscoli all'uomo, dall'elefante al piccione viaggiatore, dal dromedario allo struzzo, dal cane al renne.

In un altro salotto, che veniva dopo il primo, si vedevano le prime applicazioni degli elementi della natura; il mulino a vento e ad acqua, la barchetta e la nave mosse dalle vele; tutte le applicazioni del fuoco, come grande modificatore della materia bruta.

Anche Paolo, poco dotto nella storia della meccanica, non sapeva intendere come agissero quelle grandi ruote a vele dei mulini a vento, nè come le navi si movessero un tempo soltanto per opera del vento.

— Ecco qui, — disse l'ingegnere, entrando in un nuovo compartimento del Museo, — il gran salto che fece la meccanica nel secolo XIX, adoperando il vapore e l'elettricità come nuove forze, che l'uomo aveva fino allora ignorato. Si può dire, che la locomotiva e la pila segnano una nuova èra, che ormai ha già undici secoli di vita; così come vedremo più innanzi un'èra terza, l'ultima (per ora) segnata dalla produzione artificiale e dall'applicazione della forza nervea alla meccanica; forse la più grande delle umane scoperte e che si deve al grande inglese Macstrong, che morì nell'anno 2654 e di cui vedrete la statua nel parco qui vicino accanto a quelle del Volta e del Watt.

Qui dove siamo vedete in altrettanti modelli rappresentate tutte le applicazioni del vapore e dell'elettricità, le antiche locomotive, le antichissime pile, poi le più moderne; gli antichi telegrafi, i telefoni, i fonografi e tutti gli ingegnosi apparecchi, che aprirono orizzonti nuovi all'umana famiglia sulla fine del secolo XIX e in tutto il secolo XX.

Io credo che la rapidità delle comunicazioni, — continuava a dire l'ingegnere, — ottenute col vapore e col telegrafo hanno contribuito più di tutti i libri, di tutti i giornali, più di tutti i parlamenti, di tutti i codici ed anche di tutte le religioni a distruggere l'antica e scellerata epoca delle guerre fra popolo e popolo e a creare una nuova morale; sana e sincera.

Verso la fine del secolo XIX, la fede cristiana, che era quella dei popoli più civili d'allora, aveva quasi perduta ogni influenza moralizzatrice e mentre cadevano tarlati dal tempo e dalla scienza gli antichi templi, dove per tanti secoli gli uomini avevano pregato e sperato; mentre preti e soldati e re puntellavano per ogni parte gli edifizi decrepiti; la gente onesta, cioè i poeti dell'avvenire e i galantuomini del presente, era tutta sgomenta per la morale umana, che sembrava decadere ogni giorno per cadere in una bassa speculazione di piaceri facili e commerciabili. Senza un Dio amministratore, come avrebbe potuto salvarsi la nave della morale?

Intanto tutti deploravano il presente, temevano l'avvenire; ma non sapevano chi avrebbe potuto salvare dal naufragio l'umana famiglia, chi avrebbe potuto predicare il nuovo Verbo, chi avrebbe salvato gli uomini dalla putredine. Si ripeteva a un dipresso quello che diciotto secoli prima si era veduto nel mondo antico, cioè l'aspettativa di un Messia, di un uomo, che avrebbe rigenerata l'umanità e proclamato nella storia una nuova èra.

In mezzo a tante paure angosciose e a tanto sfacelo di chiese e di Dei, era la scienza, che preparava all'insaputa e al dispetto di filosofi e di teologi l'èra nuova. Era la meccanica, era la fisica, era la chimica, che senza teorie parolaie, nè sofismi di scuole; colle ferrovie, col telegrafo e tutti gli altri apparecchi ingegnosi inventati in quell'epoca, avvicinavano gli uomini gli uni agli altri, rendendo difficili gli odii e impossibile la guerra. Conoscersi, vedersi ogni giorno, potersi parlare agli antipodi, vuol dire amarsi, vuol dire stringersi le destre, per raddoppiare la gioia e confortare i comuni dolori.

La nuova morale escì proprio da quei laboratorii, che i preti avevano maledetto come officine di iniquità; e la poesia, che i miopi d'allora credevano sepolta per sempre, sorse più bella e rinnovellata di nuove fronde, trovando ispirazioni nuove nell'indefinita libertà delle umane energie e nella contemplazione sapiente delle forze della natura.

Il Vangelo del Cristo fu ai suoi tempi un'opera santa, fu una grande battaglia vinta dalla giustizia universale; ma nel secolo XX la scuola di Edison scrisse un altro libro sulle applicazioni dell'elettricità, che esercitò un'influenza ben più potente sulla morale dell'avvenire. —

L'ingegnere, che serviva di guida a

Paolo e a Maria, era giovane e innamorato della sua scienza e il calore delle sue parole entusiasmava i due viaggiatori, che pendevano dal suo labbro. Tutto ciò che vedevano era per essi cosa nuova, e tutto ciò che udivano, pareva fosse una luce vivissima, che uscendo dalle tenebre del passato lontano, illuminasse le tenebre dell'avvenire....

— Ed ora, — disse l'ingegnere, — lasciamo l'era di Watt e di Volta e passiamo in quella del Macstrong, l'ultima e la più feconda fra tutte.

Credo di non esagerare dicendo, che la scoperta di Macstrong è la più grande fra tutte quelle che onorano l'umanità, tanto per la sua originalità, quanto per i risultati che ha dato e il passo gigantesco che ha fatto fare alla civiltà.

E voi non credereste, che questa scoperta si deve ad una lucciola.

Questo piccolo insetto fu per quel grand'uomo ciò che fu la lampada della cattedrale di Pisa per Galileo e la mela caduta dall'albero per Newton. Eppure per quanti secoli gli uomini avevano veduto nella notte volare le lucciole, accendendo e spegnendo la loro piccola fiamma d'amore!

Il grande inglese in una sera d'estate passeggiava lungo il Ticino a Pavia, ammirando come avevano fatto milioni prima di lui le mille lucciolette, che scintillavano per l'aria.

Seduto sull'argine del fiume, col capo appoggiato ad una mano, meditava profondamente, quando a un tratto si alzò in un impeto di gioia e di entusiasmo creatore e come tanti secoli prima aveva gridato Archimede, esclamò: *Eureka!*

La grande scoperta era fatta!

Ed egli nelle sue memorie lasciò scritto l'evoluzione del pensiero, che lo condusse alla sua immortale e feconda scoperta.

Ecco, egli pensò, un piccolissimo insetto, che senza pile e senza grandi apparecchi produce la luce a sua volontà come a sua volontà la spegne. Ma gli altri animali non son forse capaci senza ordegni complicati di produrre calore, elettricità; tutte le forze insomma, che l'uomo genera a furia di meccanismi intricati, con macchine dove entrano metalli, ruote, acidi potentissimi?

La torpedine e il ginnoto non producono coi loro tessuti una quantità straordinaria di elettricità?

E tutti gli animali a sangue caldo non producono forse costantemente del calore, che in taluni di essi supera i quaranta gradi?

E i piccioni non percorrono lo spazio con una velocità superiore a quella delle locomotive, e gli insetti non producono una forza muscolare, che in rapporto col loro volume è superiore a quella delle nostre macchine migliori?

Dunque gli animali possono senza metalli, senza caldaie, senza pile, senza acidi produrre moto, luce, elettricità. Studiamo come la producono questa forza e imitiamoli. Tutte quante le invenzioni umane, e che con troppa superbia diciamo creazioni nostre, non sono che imitazioni della natura; non sono che applicazioni di forze, che sono esistite prima di noi e senza di noi.

Da quel giorno Macstrong si chiuse nel suo laboratorio, studiando al microscopio e coll'analisi chimica i caratteri intimi del protoplasma dei corpi vivi e dopo diversi anni di ricerche trovò modo di produrlo artificialmente, colla sintesi organica e gli diede il nome di *pandinamo;* perchè con facili maneggi si può da quella sostanza onnipotente far sprigionare la luce, il calore, l'elettricità, il movimento, il magnetismo.

Il pandinamo ha messo in seconda linea locomotive, pile, tutti i macchinosi ordegni dell'antica meccanica, riducendoli a piccolissimo volume e a facile applicazione. Qui nel Museo vedete tutta la serie delle fasi per le quali passò la grande scoperta del Macstrong, che fu poi perfezionata dai suoi discepoli e dai successori in parecchi secoli di ricerche e di studi.

Nel laboratorio centrale di quest'isola

voi vedrete come si ottiene il *pandinamo*, che distribuisce le diverse forze, che sprigiona, alle più lontane regioni del nostro pianeta.

Con leggere compressioni e reattivi speciali un semplice operaio manda una corrente, che darà luce, calore, elettricità o forza meccanica a piacimento; secondo che lo esige la richiesta delle officine lontane o lontanissime. E i fili che portano e guidano queste correnti non sono più di metallo, come negli antichi telegrafi e telefoni, ma son tubetti di una sostanza albuminoide elastica e tenacissima, chiusi l'uno nell'altro e separati da un liquido speciale. Uno stesso tubo può in questo modo e contemporaneamente portare correnti di diversa natura e che daranno luce, calore o movimento.

L'attuale Direttore, che è uno dei più profondi e celebri scienziati, sta ora studiando il modo di trasmettere la forza senza bisogno di tubi conduttori (che poi non sono che una copia dei nostri nervi) attraverso la corteccia della terra e spera di riuscirvi; dacchè quando si tratta di trasmettere una forza unica, può da quest'isola per esempio illuminare a un tratto tutta la catena dell'Imalaia, come se n'è fatto lo sperimento nel mese scorso. —

Maria era sbalordita, commossa, estatica alle parole del bravo ingegnere che li guidava e non potè a meno di dirgli:

— Ma, crede lei, che un giorno potremo produrre artificialmente anche il pensiero in protoplasmi creati da noi?

— E perchè no? — rispose il giovane entusiasta. — Anche il pensiero è una forza che si sprigiona da cellule fatte di protoplasma, e quando noi potremo perfezionare il *pandinamo* di Macstrong in modo da renderlo simile a quello, che costituisce la sostanza grigia del nostro cervello, potremo farlo capace di pensiero, come oggi è suscettibile di darci luce, calore e elettricità. I limiti del possibile per nostra grande fortuna non sono segnati da nessuna legge e possiamo sperare di spingerlo sempre più in là ad ogni nuova generazione di uomini; ad ogni nostra scoperta, ad ogni nostra invenzione. Ma andiamo a visitare l'ufficio di distribuzione delle forze, che è come la nostra posta. —

E ufficio postale era davvero, perchè un'infinità di fili vi convergevano.

Era una gran sala ottagona, dove sedevano in altrettanti posti gli impiegati, che ricevevano i dispacci e trasmettevano le forze richieste dai diversi punti del globo. Come avviene nei nostri nervi, gli stessi fili che portavano dovunque la luce, il calore e l'elettricità servivano ai corrispondenti per esprimere i loro bisogni.

L'ingegnere s'avvicinò ad uno degli uffici trasmissori e disse:

— Venite qua a vedere. Ecco un dispaccio che giunge da Pechino:

Domani gran festa in onore di Confucio. Abbisogniamo per tutta la notte luce intensa azzurra, che si alterni con luce rossa.

— E noi manderemo domani ciò che si domanda dalla China.

Passò poi a un altro ufizio, quello che distribuiva la forza meccanica.

— Venite qui. Ecco un dispaccio, che arriva in questo momento dal Davalagiri nell'Imalaia:

Nel tunnel, che si sta scavando attraverso l'Imalaia, trovata una roccia quarzosa durissima, abbisogniamo di una forza triplicata di perforazione.

— E noi ubbidiremo subito alla domanda di forza richiesta.

Dopo essersi fermato a diversi uffizi distributori, l'ingegnere condusse i nostri due viaggiatori nel centro della sala, dove sopra un tavolo rotondo si vedeva una gigantesca carta geografica, dove eran segnate in rosso tutte le regioni, colle quali corrispondeva l'isola di Dinamo.

— Vedete, — diceva l'ingegnere, — su questa carta ogni sera noi segniamo le richieste delle forze, che ci si fanno dai diversi punti della nostra regione e l'intensità loro; così come le sospensioni di invió, che occorrono.

Ogni giorno la carta è rinnovata e a capo dell'anno si riuniscono in un volume tutte quante le carte, che ci danno così il modo di segnare il nostro bilancio. Gli altri tre centri planetarii compiono lo stesso lavoro e così, riunendosi ogni anno in Andropoli i quattro volumi, abbiamo segnato con esattezza matematica il bilancio complessivo della civiltà planetaria. —

Maria si azzardò a dire:

— Della civiltà meccanica, però.... non della morale.

L'ingegnere sorrise, poi:

— Signora gentilissima, io come ingegnere non posso occuparmi che del progresso meccanico; ma creda pure che questo va quasi sempre parallelo al progresso morale. Ad Andropoli però, se ella vi andrà, potrà vedere come ogni anno si raccolgono anche le cifre, che segnano il progresso morale dell'umanità.

I nostri viaggiatori, passando di meraviglia in meraviglia, visitarono l'un dopo l'altro tutti i laboratorii di Dinamo, e dopo aver ringraziato il gentile ingegnere, che li aveva accompagnati, lasciarono l'isola più superbi di prima di essere uomini.

Capitolo Quarto.

Partenza da Dinamo e arrivo ad Andropoli. — Aspetto generale della città. — Le case, la loro costruzione e la loro architettura. — Le piazze di Andropoli. — L'officina dinamica. — Il mercato. L'arresto di un ladruncolo e la giustizia.

I nostri viaggiatori, lasciata l'isola di Dinamo, salirono nel loro aerotaco, impazienti di giungere nella grande capitale del mondo, e si diressero all'India. In poche ore videro dall'alto il Gange, l'antico fiume sacro degli Indù, e dove dall'altezza in cui erano si scorgeva appena nel basso una grande città, che, dal luogo in cui dominava un tempo Calcutta, scendeva lungo le sponde fino al mare.

Di là drizzarono la loro navicella al nord, dove si distendeva ampia e maestosa la smisurata catena dell'Imalaia.

Mano mano si andavano avvicinando a quella catena di monti, le cui cime sembrano inargentate dall'eterna neve che le ricopre, spesseggiavano per l'aria gli aerotachi. Sembravano grandi uccelli bruni : ve n'erano di tutte le grandezze e di tutte le forme e da tutti i punti dell'orizzonte si dirigevano verso lo stesso punto; come i vasi sanguigni, che da tutta la periferia del nostro corpo si dirigono al cuore.

E Andropoli era infatti il cuore del nostro globo, il centro della civiltà planetaria.

Andropoli fu fondata nell'anno 2500 da Cosmete, cittadino inglese, il più grande fra i legislatori del mondo, che in una grande assemblea tenuta a Londra nel 2490, gettò le basi degli Stati Uniti della Terra.

A quell'assemblea presero parte inviati di tutti i paesi, e dopo una discussione, che durò per più di un mese, si stabilì che la capitale planetaria si fondasse a Darjeeling, giudicato il paese più bello e più salubre del mondo.

La discussione fu lunga, ardente e talvolta anche impetuosa, perchè molti Europei volevano che la Città dell'Uomo si fondasse a Roma, che era stata molti secoli prima la capitale del mondo, la culla di tre civiltà.

Gli Americani volevano invece che la capitale planetaria si innalzasse a Quito, dove i vulcani si erano spenti e non si avevano più terremoti e dove rideva un'eterna primavera.

Gli Asiatici dell'estremo Oriente la desideravano nel Giappone, gli Australiani l'avrebbero voluta nella Nuova Zelanda; gli Africani insistevano per l'altipiano centrale del loro continente; ma alla fine trionfarono coloro, che volevano Andropoli ai piedi dell'Imalaia.

Quando Paolo e Maria vi andarono, quella città non aveva che cinque secoli di vita e contava già dieci milioni di abitanti.

Più che una città però poteva dirsi un'immensa agglomerazione di cento città, che dai monti e dalle colline scendevano nelle valli, tutte congiunte poi da strade terrestri e da strade aeree.

I nostri viaggiatori scesero ad Andropoli e presero alloggio in un ottimo albergo indicato loro dalla Guida, che avevano seco; albergo posto proprio nel centro della città.

Era quella l'unica parte di Andropoli costruita con una perfetta simmetria.

Da una gran piazza circolare partivano sette strade a guisa dei raggi di una stella, e nelle piazze si innalzavano superbi il Palazzo del Governo, l'Accademia delle scienze e delle lettere, l'Accademia delle arti belle e il Tempio della speranza. Nelle vie, che sboccavano nella piazza, eran posti gli alberghi, i grandi magazzini, gli Archivii, le Biblioteche; tutti gli edifizii pubblici necessarii alla vita di un gran popolo.

Si potrebbe dire che questa parte di Andropoli era la Città del pubblico; mentre tutta l'altra immensa distesa di case accoglieva gli abitanti, che venuti da tutti i paesi del mondo vi si erano agglomerati, per quell'istinto irresistibile che l'uomo ha comune colle formiche, colle api e con tutti gli animali socievoli.

La Città del pubblico non aveva alcuna simmetria, ma seguiva gli accidenti del suolo, ora arrampicandosi sulle colline, ora scendendo nelle valli e distendendosi sugli altipiani.

La legge degli Edili non imponeva altri vincoli, che quello di lasciare aperta la via fra la schiera delle case, in modo che vi potessero muoversi liberamente pedoni, velocipedi, carrozze e tutti quanti gli svariati mezzi di trasporto, che secondo il gusto e la ricchezza di ciascheduno erano usati nell'anno 3000.

Le vie non erano tutte diritte, nè si tagliavano ad angolo retto, come nelle monotone scacchiere dell'America; ma ora eran serpentine, ora oblique ed ora diritte, secondo gli accidenti del suolo e il capriccio dei costruttori. Di obbligatorio non c'era che la larghezza, che era per tutte le vie di almeno venti metri.

Le case eran tutte di un sol piano, più

spesso di due, comprendendo, ben inteso, fra quei due anche il pian terreno. Quelle di un sol piano (il terreno) erano dei poveri o dei celibi; le più alte dei ricchi e degli ammogliati; perchè ogni celibe e ogni famiglia avevano una casa per sè soli e ogni casa aveva il proprio giardinetto. Luce, calore, forza motrice ed acqua eran distribuiti in ogni casa dal gran centro dinamico della città.

Quanto all'architettura, che aveva guidato la costruzione delle case, essa era bizzarra e svariatissima. Tutti gli antichi stili vi erano rappresentati insieme ai nuovi e ai nuovissimi; che ogni giorno immaginava la fantasia dei proprietarii e degli architetti. Ognuno poteva farsi a suo talento la propria casa, per cui vedevate accanto ad un edifizio gotico una casa pompeiana, un *châlet* vicino ad una palazzina greca, e i minareti vicini a case barocche, a case di stile lombardo o del rinascimento.

Per un uomo del nostro tempo, che

avesse visitato quella città, la cosa più originale però non era la straordinaria varietà degli stili architettonici; ma bensì la novità e la diversità del materiale, con cui erano costruite le case.

Nel secolo XIX tutte le case eran fatte di legno, di mattoni, di pietra; ben rare volte di ferro. Esigevano tutte un gran tempo e una spesa non indifferente, per cui la massa del popolo non poteva mai godersi la gioia sana e grande di abitare in una casa propria. Nell'anno 3000 l'uomo più povero di questo mondo ha sempre una casetta tutta sua, che è stata costruita da lui o da altri in un solo giorno e che gli costa poche lire.

Per costruire una casa si fa a un dipresso ciò che si pratica per gettare in gesso o in bronzo una statua. Si hanno modelli di case di vario prezzo, fatti di una lega metallica duttile e resistente all'ossidazione. Si pianta il modello nel luogo in cui si deve innalzare la casa e poi si cola per un foro entro il modello la sostanza liquida, che, solidificandosi poco dopo, forma le pareti e i muri maestri dell'edifizio.

La materia liquida è delle più diverse nature e da poche lire può salire al valore di migliaia di scudi.

Per le case povere è una miscela di gesso e di terra alluminosa, che si indurisce come la pietra e può aver tinte diverse, secondo il gusto estetico del proprietario.

Vi sono miscele liquide, che consolidandosi rifanno un vero marmo, che colla politura ne acquista tutto lo splendore; e ve n'ha che imitano il diaspro, le agate, il lapislazzolo, la giada; tutte le pietre più belle e più costose.

Altre miscele imitano i metalli più lucenti e più preziosi, senza averne la pericolosa conducibilità, e si vedono ad Andropoli case che paiono tutte d'oro o d'argento, d'avventurina o di bronzo e che invece sono costruite in un materiale cattivo conduttore del calorico; per cui colla bellezza va sempre d'accordo la salubrità dell'edifizio.

Agli uomini del secolo XXXI pare molto strano che i loro padri per tanti secoli abbiano affaticato tanto per saldare insieme colla calce mattoni e pietre, mentre si possono fare le case per colatura, come si fa per una statuetta di gesso.

Le vie hanno tutte un nome e le case un numero e la città è divisa in tante regioni, contraddistinte dalla loro posizione astronomica.

Nel centro di Andropoli non si può negare che il rumore non sia alquanto molesto, benchè assai minore che nelle vie dell'antica Parigi e dell'antica Londra.

Soppresse le locomotive e i carri trascinati dai cavalli o da altri animali s'è già tolta una grande molestia di rumori assordanti e di fumo; ma i veicoli elettrici terrestri e aerei non sono muti, e l'andare e il venire e il parlare di migliaia di persone, che si affollano nella città centrale, producono un brusìo molto forte.

E lo sanno i letterati e la gente tranquilla, che abita sempre lontana dal centro, nelle vie più solitarie, e dove d'altronde, come in tutto il resto della città, il pavimento, essendo fatto di una materia simile al sughero e al cauccíù, spegne in gran parte i rumori delle ruote e dei passi dei viandanti.

Tutto questo videro i nostri viaggiatori, facendo a piedi lunghe corse nelle vie e nelle piazze di Andropoli.

Si riserbavano poi di visitare tutti i grandi edifizi pubblici della città onde studiare la vita di questa grande metropoli del mondo. Intanto vollero visitare la grande officina dinamica e il mercato, cioè i due grandi centri, dai quali partono la forza e l'alimento.

In questo loro viaggio di scoperta non si saziavano di ammirare le molte e grandi piazze aperte là dove confluivano molte vie.

Ve n'erano di quadrate, di rettangolari, di ottagone, di esagone; ma per lo più erano rotonde, tutte molto ampie e rallegrate da alberi, da aiuole fiorite e da fontane pittoresche, delle quali non si potevano vedere due che fossero eguali. Sotto gli alberi si vedevano comodi sedili, dove chiunque poteva mettersi a riposare o ad ammirare le statue, i fiori, le fontane.

Le fontane non potevano essere nè più belle, nè più fantastiche. In una delle piazze maggiori si innalzava un monte artificiale, fatto di rupi accatastate pittorescamente le une sulle altre. Fra i sassi eran piantati arbusti e piante alpine, che scapigliate pendevano dai dirupi e dalle frane; e licheni e felci e morbide borracine davano alle pietre una vita fresca e gaia, che copiava quella della natura montana. L'acqua zampillava dall'alto, ora precipitandosi rumorosa in piccoli precipizii, ora si raccoglieva in un ruscelletto argentino, ora si spargeva sopra una roccia nera come l'antracite e scintillante di cristallini di mica, quasi fosse la ricca chioma di una ninfa, che avesse sparsi i suoi capelli per l'aria. E tutte quelle acque si riunivano in basso nel seno tranquillo di un laghetto, dove guizzavano pesci e pesciolini d'ogni colore e nuotavano tranquilli e maestosi cigni, anatre, uccelli acquatici delle più lontane regioni del globo.

Altre fontane erano di stile classico antico, altre barocche con draghi e delfini, che vomitavano l'acqua dalle loro faccie.

Anche il Geiser dell'Islanda era raffigurato in un'altra fontana, dove da massi tondeggianti di agata bionda salivano al cielo cento zampilli d'acqua, che nella notte, illuminati dalla luce policroma dell'elettricità, davano all'occhio una festa di colori, che non si sarebbe saziato mai di ammirare.

Le piante, i fiori, le fontane non erano però l'unico ornamento delle piazze, dove si innalzavano statue di grandi uomini di tutti i paesi del mondo.

Nè le statue erano innalzate a caso; ma ogni piazza era destinata ad illustrare le glorie di un'epoca storica o di un paese. L'elemento storico però predominava sul geografico, perchè gli uomini civili del secolo XXXI si erano facilmente convinti, che i genii di un'epoca si rassomigliano fra di loro assai più che non gli uomini grandi di uno stesso paese; essendo il tempo un complesso di elementi infiniti, che si sommano; mentre l'elemento geografico è uno solo e spesso riunisce in una sola famiglia e per caso uomini troppo diversi e spesso contradditorii.

In una piazza ad esempio si vedevano le statue dei più grandi uomini dell'antica Grecia; in un'altra quelli di Roma imperiale; in una terza erano raccolti i genii del rinascimento toscano e che da soli bastavano a popolare una delle maggiori piazze d'Andropoli. Altrove si ammiravano le statue dei politici inglesi, quelle dei filosofi tedeschi e così all'infinito. Ai piedi delle statue null'altro che il nome e la data della nascita e della morte.

Paolo e Maria dovettero prendere in affitto per un paio d'ore un *tandem* elettrico per visitare l'Officina dinámica, che era molto lontana dal loro albergo.

Quell'officina emergeva da tutte le altre case, tutte basse, a guisa di un colosso posto fra pigmei. Era un vero palazzo, semplice e severo nella sua architettura e dove il bello era sagrificato all'utile e all'indispensabile.

Il direttore, a cui erano raccomandati, servì loro da cicerone, ma essi dopo aver visto l'Isola di Dinamo, avevano poco di nuovo da ammirare e poco da scoprire.

Quest'officina riceveva da quell'isola direttamente tutta quanta la energia motrice necessaria all'immensa metropoli e non faceva che distribuirla.

Ciò che era ammirabile era un quadrante posto nel centro dell'edifizio e dove erano segnate tutte le forze diverse, che ogni giorno dovevano essere distribuite ai privati e agli edifizi pubblici. Un solo operaio sopraintendeva a questa distribuzione regolare e quotidiana; mentre in una camera vicina parecchi operai stavano attendendo le richieste di forze straordinarie, che ora chiedevano maggior luce, maggior calore e un più grande tributo di acqua.

Si fermarono per una mezz'ora in quel riparto ad ammirare l'ordine ammirabile, con cui giungevano le richieste e la prontezza con cui erano soddisfatte.

Vi era un impiegato addetto all'acqua, un altro alla luce, un terzo al calorico, un quarto alla forza meccanica, un altro per l'elettricità; fosse poi dell'antica o della nuova.

Le richieste giungevano non coll'antico telefono, che però si era molto perfezionato, ma per dispacci telegrafici, che si scrivevano da sè in caratteri luminosi in una cassetta nera e tenuta nell'oscurità.

Il Direttore mostrò a Paolo e Maria parecchie di queste richieste.

Nel banco della distribuzione della forza meccanica si lesse, dopo uno squillo di campanello che metteva l'operaio sull'*attenti*:

Fabbrica di macchine agricole. Società Edison. — Regione Sud-ovest. — Via Volta, N. 37.

Domani gli operai saranno cresciuti di un terzo. — Occorre un terzo di più di forza meccanica.

Poco dopo uno squillo avvertiva l'operaio del banco della luce, che si richiedeva la sua attenzione.

E infatti sul quadro oscuro si potevano leggere queste parole:

Regione Nord-est. — Via Omero, N. 59. Questa sera festa di ballo in famiglia. — Occorre per tutta la notte luce triplicata.

In una sezione speciale stava scritto: *Accidenti.*

E il campanello chiamava l'operaio sull'*Attenti.*

Infatti la camera oscura diceva:

Regione centrale. — Palazzo dell'Accademia di belle arti. Sviluppato un piccolo incendio nella sala della stampa.

Qui anche il Direttore si appressò con certa inquietudine al banco e prese il posto dell'operaio, rispondendo per telegrafo:

Aprite subito il rubinetto dell'acido carbonico e dirigete il tubo conduttore del gas nel luogo in cui si è sviluppato l'incendio. Se il fuoco non si spegne subito, avvertite.

Pochi momenti dopo si leggeva nella camera oscura:

Fuoco spento. — Mille grazie.

Il Direttore si mise a sedere e volgendosi ai suoi visitatori:

— Vedete, a questi membri dell'Accademia di belle arti, insieme al mio consiglio avrei mandato ben volentieri e telegraficamente uno schiaffo.

Dovete sapere, che ogni edifizio pubblico ha un serbatoio di acido carbonico liquido, a cui si possono adattare in pochi minuti tubi elastici, che si possono guidare dove si vuole, dirigendo sulla fiamma o sugli oggetti che bruciano una forte corrente di gas, che in pochi istanti spegne la fiamma e l'incendio.

Ma questi benedetti artisti disdegnano la scienza, che mettono spesso e volentieri in canzonatura, e ignorano quasi sempre fin gli elementi della fisica e della chimica; ciò che non toglie che quando succede loro il più piccolo accidente, si mettono le mani nei capelli invocando la scienza, che essi avevano disprezzato. Voi avete assistito ad una di queste scene. Perdoniamo però a questi ignoranti volontarii i loro capricci, perchè sono essi, che colle loro opere mirabili ci fanno benedire la vita.

*

Un altro giorno i nostri due pellegrini vollero visitare il mercato, o dirò meglio i mercati, che occupano un' intera collinetta di Andropoli. Essendo piuttosto ripida la salita, vi si sale e si scende per vie funicolari. Alcune sono per il trasporto delle derrate, altre per le persone.

Tutto quel movimento di treni, che salgono e scendono senza posa, tutti quei carri di fiori, di frutta, di selvaggiume, di pesci, di carni, formano uno spettacolo curioso, bizzarro, interessantissimo. Nessun carro alimentare però era scoperto, ma ciò che vi era dentro si vedeva benissimo, essendo i veicoli chiusi da vetri trasparentissimi.

Sull'alto del colle si distende un largo altipiano, dove in distinti edificii si vendono qua i pesci, là le carni: più in là le verdure, i legumi, le frutta, i fiori. E dovunque un entrare, un uscire di gente, che carica sui vagoni la merce comprata con un indirizzo. Nessuno la porta da sè, perchè una società si incarica con appositi impiegati di far ricapitare nelle singole case le cose comperate.

Il cuoco, il cameriere, il signore non fanno che scegliere ciò che vogliono acquistare e lo consegnano poi agli agenti distributori.

Paolo e Maria si fermarono più a lungo nel mercato dei fiori e in quello delle frutta.

Nel primo era tale una festa per gli occhi da inebbriare, tale un profumo da ricordare le delizie dell'amore.

Nel secolo XIX i giardini erano già una meraviglia, perchè riunivano in piccolo spazio fiori venuti da tutte le parti del globo e le serre calde e le fredde permettevano di coltivare anche nei paesi temperati e nelle zone fredde le piante del tropico. Figurati che fin d'allora in Russia alcuni ricchi signori raccoglievano l'uva nelle loro immense serre e ne facevano vino, e in Norvegia si coltivavan le orchidee dell'America centrale.

Oggi però l'arte di coltivare i fiori ha fatto passi da gigante, perchè non soltanto il giardiniere può in un mazzo solo mettere insieme i fiori delle sei parti del mondo, ma produce fiori nuovi con artifizi complicatissimi di fecondazione artificiale e di concimi chimici. Si è riuscito perfino a far fiorire le piante e a far maturare i frutti in tutte le stagioni dell'anno.

Una volta la luce del sole non poteva esser sostituita da alcuna altra luce, e anche i frutti, che artificialmente si ottenevano fuori della loro stagione naturale, erano insipidi; così come i fiori non avevano il loro profumo e le loro bellezze.

Oggi invece un frutto o un fiore raccolto nell'inverno nelle serre calde non può per nulla distinguersi da quello che dà nell'estate la natura sotto l'azione potente del sole.

Il numero dei fiori coltivati è oggi almeno mille volte maggiore che non fosse nei secoli XIX e XX, non solo perchè non v'ha più un cantuccio del nostro pianeta, nè la più lontana delle foreste, che non ci abbia dato il tributo delle sue piante e dei suoi fiori; ma anche perchè l'arte ha saputo creare specie nuove, che non sembrano al primo aspetto avere parentela alcuna colle specie, che nascono spontanee nel prato e nel bosco.

Nel mercato dei fiori si vendevano anche piante vive e fiori imbalsamati, che sembravano freschi e che ingannavano l'occhio di tutti.

Dal mercato dei fiori Paolo e Maria passarono in quello delle frutta.

Anche qui un incanto per gli occhi, un profumo per il naso. La bellezza dei fiori sta a quella dei frutti, come fra loro stanno i loro profumi.

Nei fiori la bellezza è il fascino primo, che li rende le più care creature della terra. Si direbbe che in essi il sommo fra i coloristi della Scuola Veneta si è alleato col principe del disegno della Scuola Greca; per cui la profusione, la varietà e l'intreccio dei colori non sono vinti che dall'eleganza, dalla purezza o dalla bizzarria del disegno. Là dove il colorista innamorato, nell'esaltazione del suo amore per il colore, lo getta a piene mani, in eccesso, col pericolo di cadere nel barocco e nella pletora del troppo, si fa innanzi il pittore del disegno, che nell'originalità e l'eleganza delle linee fa tale una cornice all'orgia dei colori, da far dire a tutti:

Oh che santi e cari alleati! Oh come stanno bene insieme nella feconda creazione del bello!

E quando il disegno sarebbe troppo severo, troppo semplice o rigido, viene subito il colorista colla sua inesauribile tavolozza a dar vita e gioventù al calice troppo gretto, alla coppa troppo classica; e il fiore par che risponda ai suoi due genitori:

Grazie, grazie!

Se i fiori son tanto belli da bastare essi soli per dettare un trattato d'estetica a chiunque (purchè egli non sia un filosofo); anche i loro odori sono la poesia del profumo, che ha in essi forse un numero maggiore di note, che non abbia la musica.

E non hanno dessi la delicatezza e la fugacità di un sogno, che fra le palpebre socchiuse, compare e sparisce e s'indovina più che non si senta?

E non hanno forse anche la nota dell'aroma più ardente e più caldo, e la voluttà profonda, che sembra un contatto di carni innamorate e il piccante e il frizzante e l'etereo e il vaporoso e il solleticante e tante e tante altre delizie, a cui il nostro linguaggio tanto imperfetto nega lo stampo di una parola?

E così nei frutti forme e colori e profumi stanno tra di loro nello stesso rapporto come bellezza di forme e soavità di odori stanno nei loro padri e fratelli, i fiori.

Il profumo delle frutta non ha la poesia di quello dei fiori; e se nell'ammirazione di questi, il primo grido dell'anima è:

Oh belli!
nell'ammirazione dei frutti, il grido invece è quest'altro:

Oh buoni!

Così le forme dei frutti sono molto più semplici e poche, così i loro profumi hanno poche note. Possono essere piacevoli, di raro inebbrianti, possono essere forti, di raro o mai voluttuosi. Son profumi che son quasi sapori, e che stanno a quelli dei fiori, come l'amicizia sta all'amore.

E non son forse i fiori gli amori delle piante?

E non son forse i frutti le amicizie generate dall'amore?

A tutto questo pensavano e tutto questo sentivano i nostri viaggiatori, passando dal mercato dei fiori a quello dei frutti.

Anche qui vedono e ammirano raccolti in una stessa bottega le fragole, i lamponi, i manghi, i mangostani, le banane di cento varietà, i cocchi, gli ananassi, le cirimoie e le pere e le mele e tanti e tanti altri frutti, che il secolo XIX non conosceva ancora. Fra essi la *pala,* che un argentino ha saputo strappare alle foreste vergini della sua patria e coltivare in Europa, facendone un frutto, per profumo e per sapore rivale della pesca. Eppure un certo Mantegazza l'aveva fin dal secolo XIX additata come un frutto silvestre del tutto sconosciuto agli Europei.

Paolo e Maria, passando dinanzi a un banco, dove erano esposte montagnole di arancie e di mandarine, videro un monello, che ghermiva una delle più belle e delle più grosse e se la svignava; non però tanto svelto da non esser veduto dalla venditrice, che gridava:

Al ladro, al ladro!

Appena fu udito questo grido, da tutte le parti del mercato si sentì esclamare ad alta voce, da uomini, da donne, da fanciulli:

Giustizia, giustizia, giustizia!

E in men che nol dico, il ladroncello fu ghermito da un signore, che alla sua volta gridava:

Giustizia, giustizia!

Nell'anno 3000 non vi sono carabinieri, nè poliziotti, nè guardie di pubblica sicurezza; ma ogni cittadino onesto è carabiniere, poliziotto e per di più anche giudice.

In pochi minuti intorno al monello si raccolsero sei cittadini, che col signore, che l'aveva afferrato, bastavano ad improvvisare il tribunale, che si chiama la *Giustizia dei sette*.

Il pubblico, dopo aver riconosciuto che il tribunale era costituito, si ritirò, facendo circolo intorno a quelli otto uomini; sette giudici, ed un colpevole.

— Perchè hai rubato quest'arancia? — disse colui che aveva per il primo arrestato il piccolo delinquente.

— Perchè avevo sete.

— Ma quell'arancia non era tua.

— No, ma la fruttivendola ne aveva cento e mille.

— Non importa. Quelle arancie eran tutte sue. Dovevi chiederla o comperarla. Tu hai rubato e te n'andrai alla *Casa di giustizia*.

Allora uno dei sette disse:

— Io scendo appunto nella città e abito in quei pressi. Lo condurrò io stesso colà. Datemi la sentenza.

Uno dei sette staccò un foglietto da un portafoglio che aveva in tasca e scrisse:

Fanciullo ladro di un'arancia.

Tutti i sette firmarono il foglio e l'accompagnatore lo prese e se n'andò col monello, che senza opporre resistenza, ma piagnucolando lo seguì.

E tutto rientrò nell'ordine di prima.

— Vedi, Maria, — disse Paolo, — tu hai assistito ad un giudizio e ad una sentenza, come si suol fare per tutti i delitti, anche pei maggiori.

In questo caso si trattava del semplice furto di un'arancia, ma se quel ragazzaccio avesse rubato un diamante o un portafogli pieno di denaro o avesse dato una coltellata ad un suo compagno, si sarebbe gridato egualmente:

Giustizia, giustizia!

E nello stesso modo si sarebbero riuniti sette galantuomini, avrebbero fatto un giudizio sommario e avrebbero condotto il colpevole alla Casa di giustizia.

E questa Casa non è già un carcere, come quelli che si usavano anticamente, ma una specie di scuola, dove si correggono i colpevoli: dove si studiano con amore le cause, che possono aver condotto a delinquere. —

Maria interruppe Paolo:

— Ma tu mi hai detto, che alcuni specialisti esaminano il cervello dei bambini appena nati e quando scoprono in essi una tendenza irresistibile al delitto, li sopprimono.

— E questo è vero, — rispose Paolo, —

ma non si distruggono che i delinquenti nati, cioè coloro, che per la speciale e fatale organizzazione delle loro cellule cerebrali sono necessariamente consacrati al delitto. Essi ucciderebbero e ruberebbero anche se nascessero ricchi, anche se la fortuna li mettesse nelle condizioni più felici. Queste però sono rarissime eccezioni. Tutti gli altri uomini nascono onesti, ma sono figli di lontanissimi padri, che vivevano nella vita selvaggia, che rendeva necessaria la violenza, e conservano nel loro cervello un germe celato del delitto, che in circostanze favorevoli può svilupparsi e condurli a uccidere o a rubare. Non vi ha uomo su questa terra, che in un impeto subitaneo di passione non possa per odio o per vendetta rendersi colpevole di un omicidio o di un furto.

La nostra civiltà cerca da secoli di educare l'uomo in modo di sopprimere, di soffocare quei germi atavici; mentre d'altra parte si cerca di organizzare la vita sociale in modo che il delitto sia inutile e dannoso a chi lo commette. Un tempo la giustizia umana non si occupava che di punire: oggi invece cerchiamo di prevenire la colpa, rendendola difficile o impossibile. E che questo lavoro della civiltà non sia inutile, lo prova la statistica del delitto, che lo dimostra sempre più raro. Ciò non toglie che abbiamo sempre dei ladri e degli assassini. Il progresso morale è assai più lento del progresso intellettuale, ma non dobbiamo disperare che un giorno l'uno si metta a livello dell'altro.

— Dunque oggi non si puniscono più i delitti?

— Sì, ma la pena è ridotta alla perdita temporanea della libertà. Non ti pare forse una punizione sufficiente quella di essere segregato dal consorzio umano?

Nella Casa di giustizia, il ladro, l'assassino son tenuti chiusi, mentre si cerca di dimostrar loro l'enormità della colpa commessa persuadendoli che il delitto non è soltanto una colpa, ma è un errore e una cattiva speculazione.

La chiusura non dura che pochi giorni o poche settimane ed è caso molto raro che si prolunghi ad alcuni mesi. E la punizione non finisce lì, perchè quando il colpevole è rimesso in libertà porta per qualche tempo all'occhiello dell'abito un nastrino giallo, che segna in lui un marchio di infamia, per cui tutti lo guardano con diffidenza e sospetto. I ladri lo portano di color giallo, gli assassini o tutti quelli che hanno commesso atti di grande violenza, lo portano rosso. E quel segno non si toglie che dopo che il colpevole ha mostrato colla sua condotta di esser ritornato nel grembo dei galantuomini.

— E quando il delinquente è recidivo?
— Oh allora, la pena della prigionia è raddoppiata o triplicata secondo i casi, e il colpevole, uscendo dalla Casa di giustizia, porta due nastri invece di uno. Ciò avviene però rarissime volte e per lo più in delinquenti nati, che per errore dell'esame cerebrale, son sfuggiti alla soppressione.

Pochi momenti dopo Paolo e Maria scendevano dal mercato, dopo aver comprato molti fiori e molte frutta e ritornavano al loro albergo.

Capitolo Quinto.

Gita al Palazzo di Governo. — Forme di governo e organismo politico del mondo nell'anno 3000. — Le quattro sezioni del Palazzo. — La Terra. — La Salute. — La Scuola. — L'Industria e il commercio. — L'ufficio di finanza.

Paolo e Maria, dopo aver veduto l'officina dinamica e il mercato, andarono a visitare il Palazzo di Governo, posto proprio nel centro di Andropoli.

Maria voleva risparmiare quella gita e la differiva sempre da un giorno all'altro, dicendo al suo compagno, che essa non capiva nulla di politica, e che il pensiero, che da un solo palazzo si governava il mondo, le dava le vertigini.

— Caro Paolo, io sono una femminetta ignorante, che trova assai difficile governare una casa e che si smarrisce all'idea, che pochi uomini possano dal Palazzo di Governo di Andropoli governare tutto il mondo.

Paolo sorrise, dandole un'amorosa ceffatina.

— No, tu non sei una femminetta ignorante e il Governo centrale di Andropoli non è una cabala, nè un meccanismo così intricato e così oscuro, che tu non lo possa intendere ed ammirare. Un tempo l'arte di governare pareva concentrata tutta quanta nel complicare gli ordegni amministrativi e politici e si andavano creando sempre impiegati nuovi e nuove ruote e rotelle, che sembravano un giuoco di acrobatica e di equilibrio. E ad ogni impiego nuovo, ad ogni nuovo meccanismo di trasmissione, di anagrafi, di protocolli, ad ogni nuovo dicastero amministrativo che si incontrava, il movimento degli affari si andava complicando; per cui i guasti delle macchine erano quasi d'ogni giorno e le immense forze adoperate per metterle in moto andavano quasi tutte consunte in attriti.

Figurati che nel secolo XIX, quando la civiltà aveva già fatto passi da giganti, quando la rivoluzione francese aveva dall'alto dell'89 proclamato i diritti dell'uomo; quando già quasi tutta l'Europa era governata in repubbliche o in stati parlamentari, un ministro italiano potè scoprire che una lira pagata da un contribuente in Sicilia o in Sardegna, arrivata a Roma, era divenuta un soldo. Gli altri 19 soldi si erano smarriti per via, per pagare gli impiegati, per muovere e ungere le ruote dell'intricato meccanismo finanziario. E ciò non accadeva soltanto per le tasse, ma per tutto il resto: per la giustizia, come per l'istruzione; per la guerra come per tutti gli ordinamenti della vita pubblica.

Il potere era distribuito fra centinaia e migliaia di persone, che ne maneggiavano una parte, e il conflitto delle autorità diverse e cozzanti era così assurdo, così complicato, da creare intoppi, contraddizioni ad ogni passo.

Meno il re, tutti quelli che esercitavano un'autorità qualunque, erano figli della libera elezione, ma la responsabilità era talmente suddivisa in molecole impalpabili, che quando la si voleva afferrare, ti sfuggiva di mano, come chi volesse pigliare della nebbia.

I sindaci rappresentavano i consiglieri comunali e questi alla loro volta rappresentavano gli elettori amministrativi; ma i Consigli comunali subivano il controllo dei Consigli provinciali, che avevano a capo i prefetti, nominati dal Governo centrale.

E vi erano due Camere, che si contraddicevano a vicenda e una non poteva decidere nulla senza il consenso dell'altra; e al disopra delle Camere e del Senato vi era il Re, che poteva sciogliere le Camere e mettere il veto alle leggi votate dalla Camera e dal Senato. I ministri rappresentavano, è vero, la maggioranza dei deputati; ma alla loro volta, non potevano governare senza blandire le vanità o le avidità dei deputati, senza venire a patti coi partiti, dei quali v'erano tre, quattro e persino otto in una Camera sola.

E i ministri, che solo per orientarsi, avrebbero avuto bisogno di studiare per mesi e mesi il dicastero che era stato loro affidato, erano travolti dai voti capricciosi o interessati della Camera; e le leggi si succedevano alle leggi, con turbinosa alternativa, togliendo ogni stabilità all'ordine sociale e ogni autorità alle leggi.

Un po' per volta si andò semplificando il meccanismo del Governo, ma per giungere là dove siamo oggi, ci vollero secoli e secoli di lotta e non senza sangue e non senza un miserabile sciupìo di uomini e di forze.

Un passo gigantesco si fece colla soppressione dei re e degli eserciti permanenti, ma l'infausto esperimento del socialismo collettivo fece perdere alle civiltà almeno un secolo di vita. Poi, discentralizzando senza posa, si accrebbe la responsabilità dell'individuo, ritornando a lui e alla famiglia ciò che era stato tolto e costituendo il Comune a molecola organica dello Stato.

Del resto, visitando oggi il Palazzo di Governo, vedrai come sia semplice e facile il governare dal centro del globo tutta quanta l'umanità, quando uomini, famiglie e Comuni si governano da sè.

Qui in Andropoli non si afferma che la grande unità degli Stati Uniti del mondo e non si provvede che alle questioni cosmiche, che possono essere di un interesse universale.

I delegati (che così si chiamano) di tutte le regioni planetarie non si riuniscono qui che una volta all'anno e per un mese soltanto e qui non rimangono in permanenza che pochi impiegati, che preparano il lavoro per l'anno successivo o provvedono per mandato ad accidenti imprevisti; come sarebbero terremoti, innondazioni od altri cataclismi.

I delegati sono eletti da ogni singola regione del globo a maggioranza di voti e per suffragio universale (comprese anche le donne) e sono pagati per il loro lavoro. Appena giunti qui eleggono fra di loro un capo, che chiamano *Pancrate,* che dura in ufficio quanto i delegati cosmici, cioè un anno solo, e che può vantarsi in questo breve periodo di tempo di tenere nelle sue mani tutte quante le fila del governo del mondo. Non può essere mai rieletto, anche s'egli fosse rimandato ad Andropoli quale delegato più e più volte.

Ogni anno per un mese siede in permanenza in questo palazzo il Consiglio supremo di Andropoli presieduto dal Pancrate.

È formato dai direttori degli uffici centrali, che sono pochi, come vedremo visitando il palazzo, e che presiedono agli affari della Terra, della Salute, della Scuola, del Commercio e dell'Industria. Essi corrispondono ai ministri degli antichi governi.

Mentre siede il Consiglio supremo, i capi della regione e dei comuni possono venire in Andropoli per sottoporgli problemi speciali da risolvere o possono inviare qui i loro reclami.

Gli uomini hanno capito un po' tardi

che noi, nella scienza come nella politica, nelle arti come negli affari più piccoli, dobbiamo copiare la natura, di cui noi siamo i figliuoli. Quando la passione o gli errori del pensiero ci allontanano dalla natura, noi cadiamo nella colpa o nell'errore; mentre troviamo il vero, il bello e il buono, quando restiamo fedeli ad essa.

La nostra superbia ci fa credere, che le nostre scoperte, le nostre invenzioni sono creazioni nostre, e invece non sono che imitazioni della natura. Noi non possiamo far nulla di nuovo, che non esista già nel mondo in cui viviamo e da cui siamo nati; e lo sforzo supremo del nostro cervello non può giungere ad altro che ad applicare le forze della natura, a combinare in diverso modo gli elementi, che esistono prima di noi e senza di noi. Così come l'uccello non può intrecciare il proprio nido che colle pagliuzze, colle cortecce, coi fiocchi di lana che trova; così noi non possiamo fare nè una casa, nè un quadro, nè la più ingegnosa delle macchine, che col mettere insieme il materiale che troviamo intorno a noi.

Quando gli uomini conobbero questa grande verità, semplice come tutto ciò che è veramente grande, nell'ordinamento politico della società non fecero che copiare il nostro organismo, che si plasma nell'inconscio mistero dell'utero materno senza l'aiuto del nostro pensiero e della nostra volontà.

E così come nel nostro corpo ogni organo, ogni cellula ha la propria vita indipendente e solo si mantiene collegato nella grande federazione e nella grande unità dell'organismo per mezzo del sistema nervoso e del sistema sanguigno; così nel nostro pianeta ogni Comune vive da sè; ma per mezzo dei fili telegrafici che rappresentano i nervi, comunica con Andropoli, che è in una volta sola cervello e cuore del gigantesco organismo planetario. Fra i Comuni e il centro vivono poi tanti centri minori che sono le *Regioni,* le quali rappresentano i gangli.

E tu vedi subito con quanta semplicità, con quanto ordine circola la vita in questo grande organismo politico.

Ogni Comune si amministra da sè con un sindaco e un Consiglio di pochi membri.

Ogni Regione ha un capo, che si chiama Podestà, che ha pure il proprio Consiglio, che detta le leggi regionali, dopo aver sentito il parere di tutti i sindaci.

E qui in Andropoli non si trattano che questioni di ordine universale, ma non si interviene mai a mutare le leggi comunali o provinciali, che non possono essere dettate che da coloro, che son nati e cresciuti nel paese che devono governare. —

Maria ascoltava con molta attenzione le parole del suo fido compagno, stupita di poter capire senza fatica i grandi problemi della politica del mondo.

Dopo questo discorso, che Paolo aveva creduto di dover fare a Maria, quasi preparazione alla visita del Palazzo di Governo, salirono sopra una magnifica scala, che li portò ad un vestibolo immenso, da cui partono quattro grandi edifizii, come le branche di una croce.

Intorno al vestibolo ampie sale sono destinate al Pancrate e ai suoi impiegati e là si riunisce ogni anno il Consiglio supremo.

Le quattro ali del palazzo rappresentano i quattro grandi affari della civiltà cosmica; cioè *l'agricoltura, la salute, l'educazione,* e *l'industria* che è fusa col *commercio.*

Da tre secoli la guerra non esiste più sul nostro pianeta e tutte le forze gigantesche, che i nostri antichi padri dedicavano ad uccidere, sono tutte adoperate a migliorare i climi, a rendere feconda la terra, ad accrescere il tesoro della gioia agli uomini.

I nostri viaggiatori entrarono nell'edifizio destinato all'agricoltura e nel quale è scritto la parola *Terra.*

Anche qui statue e pitture bellissime ornano l'entrata del dipartimento agricolo, tutte simboliche dei problemi agricoli; dacchè gli uomini del secolo XXXI non scompagnano mai il bello dal vero e anche la scienza e anche la politica amano vestirsi in festa; dacchè la gioia e la bellezza non fecero divorzio dalla civiltà, che nei tempi di grande decadenza intellettuale e di grande ipocrisia.

Un gentile impiegato condusse Paolo e Maria nelle diverse sezioni della *Terra*, parlando loro dei grandi problemi, che si stavano studiando dai molti scienziati addetti a quel dipartimento.

Essi ebbero ad ammirare un'immensa carta topografica in rilievo, dove è rappresentato in un planisfero tutta quanta la superficie del nostro pianeta, coll'indicazione delle parti incolte, delle poco coltivate e di quelle, dove la coltivazione è intensiva.

In un solo colpo d'occhio si può vedere nelle parti bianche i terreni ancora incolti, nelle parti dipinte in verde le regioni coltivate e in quelle colorate in rosso i terreni a coltura intensiva.

— Vedete, diceva l'impiegato, quanta parte di terra ci rimanga ancora da coltivare dopo tanti secoli di civiltà e dopo che da tre secoli fu abolita la guerra in tutto quanto il nostro pianeta e si poterono dedicare all'agricoltura tutte le forze smisurate, che le armi e le corazzate esigevano per sè.

Il problema che oggi si sta studiando è questo:

Che cosa dobbiamo fare delle immense foreste, che costeggiano tutto il corso dell'Amazzone e che si trovano nel centro dell'Africa?

Dobbiamo distruggerle, per piantarvi il caffè, il cacao, le banane, tutti i frutti del Tropico, o dobbiamo soltanto renderle salubri col drenaggio o col diradarle, strappando le piante inutili e che non sono neppur belle? I botanici, gli agricoltori, gli economisti non sono d'accordo in questa questione, e si son chieste nuove informazioni agli abitanti dei luoghi, invitandoli ad esprimere il loro parere.

Intanto però il Governo centrale di Andropoli ha mandato in Africa e in America alcuni scienziati, perchè studino sul posto il magno problema, che interessa tutto il mondo; perchè il distruggere o il conservare migliaia di chilometri quadrati di foresta deve modificare il clima di vaste regioni planetarie.

E d'altra parte l'allargare o il restringere le zone coltivate può risolvere in modo diverso il grande problema maltusiano, che dopo tanti secoli tormenta ancora l'umana famiglia.

Colla limitazione del matrimonio fecondo noi abbiamo già in gran parte risolta la questione, ma abbiamo sempre contro di noi gli antimaltusiani, che vorrebbero si togliesse ogni impedimento alla fecondità umana, dicendo che gran parte ancora del nostro pianeta rimane a coltivarsi e la produzione agricola potrebbe in poco più d'un secolo triplicarsi.

Un altro problema occupa oggi i nostri dotti di questo dipartimento centrale governativo, ed è il risanamento delle regioni miasmatiche, che abbiamo ancora in Africa, in America e in gran parte della Malesia.

Di questo problema si occupano insieme i dotti di due sezioni, così quelli addetti alla *Terra* e gli altri addetti alla *Salute*, essendo questa una questione complessa, che non può essere risolta che dai medici e dagli agricoltori messi insieme.

In Europa non abbiamo più una sola palude, ma ne abbiamo ancora tante e tante nei paesi, dove la civiltà è giunta più tardi e dove ci troviamo sempre tra i piedi le foreste, che sono anch'esse sorgente di miasmi e che è doloroso distruggere, pericoloso il conservare.

In questo dipartimento dedicato alla *Terra* abbiamo un'intiera sezione, che si occupa delle strade e di tutti i mezzi di comunicazione fra i diversi paesi del nostro pianeta.

Una volta non si viaggiava che per terra e per acqua: oggi vi abbiamo aggiunto anche l'aria; per cui abbiamo ingegneri terrestri, acquatici e aerei, che fanno a gara di abbreviare e rendere più comode le vie di congiunzione fra popoli e popoli, persuasi come siamo tutti che ciò allunga la vita e aumenta e coltiva la fraternità dell'umana famiglia.

Qui in un altro planisferio potrete vedere tutto il tracciato delle strade mondiali, e siccome queste interessano tutti quanti gli uomini della terra, il problema stradale può dirsi una delle questioni più universali e che quindi deve avere la sua sede in Andropoli.

Anche su questa questione vi è dissenso fra ingegneri ed economisti. I primi, a sentirli loro, a lasciarli fare, convertirebbero ben presto tutta la superficie della terra in tante strade e non rimarrebbe più un palmo per l'agricoltura. Essi dicono che la navigazione aerea non soddisfa i gusti di tutti, e che conviene sempre lasciare aperte le vie elettriche per chi preferisce la terra all'aria.

Dal Ministero o Dipartimento della Terra i nostri pellegrini passarono a quello della *Salute,* dove i medici più dotti del mondo nei loro laboratorii studiano questi due grandi problemi:

Abolire le malattie.

Prolungare la vita umana e togliere alla morte ogni dolore e ogni terrore.

Anche nell'anno 3000 nascono uomini deboli e destinati a corta vita e benchè si distruggano i neonati patologici, pur rimangono ancora molti organismi imperfetti, che non possono trovar gioconda la vita, nè renderla utile a sè e agli altri, e che per di più giungono all'età feconda, in cui possono trasmettere le loro magagne ad un'altra generazione.

La visita degli sposi per autorizzarli al matrimonio fecondo ha diminuito assai le malattie ereditarie, ma pur ne esistono ancora per gli errori dei medici visitatori, pei vizii che sciupano anche le buone costituzioni.

Fin dal secolo XIX la medicina aveva

fatto un passo da gigante colla scoperta dei microbi morbigeni, ma le epidemie continuarono a regnare sulla terra fino al secolo XXV, quando un celebre medico francese scoperse una sostanza antisettica potente come il sublimato corrosivo, ma che può essere iniettata nelle vene senza nuocere alla salute.

In questo modo, quando compariva il colera, la febbre gialla, la peste bubbonica o un'altra malattia epidemica, tutta quanta la popolazione del paese minacciato si sottoponeva alla nuova vaccinazione e il focolaio infettivo si spegneva subito.

È singolare però, che nei paesi dove ancora non si è voluto adottare la limitazione maltusiana delle nascite, e dove per conseguenza la popolazione si addensa, nascono epidemie nuove, per le quali la vaccinazione attuale non serve più e quindi si stanno ora cercando i nuovi microbi, per trovare poi l'agente che li uccida.

Pare davvero una legge fatale della vita

cosmica, che quando si genera troppo, una causa nuova di morte appare a un tratto a ristabilire l'equilibrio.

— Quanto inchiostro, — diceva il medico direttore della Salute, — si è sparso per combattere Malthus e le conseguenze inevitabili delle sue dottrine, quando la natura stessa fin dalla comparsa della vita sulla superficie del nostro pianeta, si è dichiarata maltusiana ed ha gridato a tutti gli esseri vivi: " Se volete generar molto, morirete troppo! „

Anche la vita umana si è prolungata assai, grazie alla cresciuta agiatezza delle classi povere, e a tutti i progressi dell'igiene. Mentre nel secolo XIX la vita media oscillava fra i 28 e i 36 anni, oggi la vita media planetaria è di 72 anni e in alcune regioni più salubri giunge fino ad 85. Allora forse uno sopra un milione di abitanti moriva senza malattia, e cioè di morte fisiologica: ora invece la morte naturale figura per un trenta per cento in tutte le morti e si spera che un giorno essa sia l'unico modo di morire di tutti gli uomini.

I problemi igienici, che si studiano qui in questo Ministero, giungono spesso sotto forma di domande dalle autorità sanitarie delle diverse parti del mondo, dacchè ogni regione ha accanto al Podestà un medico, che si occupa di tutte le questioni della pubblica salute. —

Dalla Salute passarono i nostri viaggiatori al *Dipartimento della Scuola*.

E il nuovo cicerone spiegava loro, di quali questioni si occupassero gli addetti a questa terza sezione.

— Ecco: mentre là dove eravate si studia di migliorare la salute degli uomini e di prolungar loro la vita, qui ci occupiamo di educare e di istruire, rendendoli migliori nel sentimento e più fecondi nel pensiero. Accrescere il patrimonio delle gioie intellettuali e renderle possibili a tutti, ecco lo scopo alto e difficile dei nostri studii. Ma non crediate però che da Andropoli partano leggi imperative, che impongano metodi speciali di istruzione alle diverse regioni del mondo.

Ogni Comune e ogni Regione si danno le scuole che vogliono, e il Governo Centrale non esercita su di essi alcuna autorità. Qui si consiglia, si suggerisce, null'altro, o si risponde ai problemi che ci mandano da risolvere. La città di Andropoli ha una scuola modello, che potrete visitare. Quanto al resto del mondo noi ci accontentiamo di mandare ogni anno degli Ispettori, che si recano nelle diverse regioni, esaminando le scuole e studiando i metodi, che vi sono adottati e poi presentano al Governo Centrale le loro relazioni.

Nell'ultima relazione dello scorso anno, in cui si riassumevano le condizioni delle scuole in tutto il nostro pianeta, si confermò un fatto, che già si era subodorato, ma non mai si era affermato come questa volta e che riempì il cuore di allegrezza a tutti coloro, che son persuasi che la felicità umana consista di questi due grandi fattori:

Buona salute.

Equilibrio armonico di tutte le facoltà del pensiero e di tutte le energie del sentimento, in modo che tutte sieno attive e nessuna si esaurisca per troppa fatica.

Or bene, mentre nel secolo scorso i metodi di educazione e di istruzione erano tanto diversi fra di loro nelle varie regioni del globo, oggi si sono ridotti a pochissimi, e questi si vanno ravvicinando talmente tra di loro, che finiranno per fondersi in uno solo; e quest'uno, con compiacenza nostra grandissima, è quello adottato da forse cinquant'anni in Andropoli, dove il riunirsi di tanti grandi uomini doveva rendere più facile il compito di raggiungere un'educazione ideale.

Questa concordia di intenti, questo fondersi di idee pedagogiche diverse in poche idee e poi in una sola erano da prevedersi, dacchè la strada più breve che deve congiungere due punti lontani è una sola e dopo molti tentativi e molto tentennìo di esperimenti e di prove si deve pur sempre cadere in quell'unica via, che per essere la più breve, deve essere anche la più facile.

Il direttore del Dipartimento della Scuola è, dopo il *Pancrate,* il cittadino collocato più in alto nella gerarchia sociale e si potrebbe dire ch'egli rappresenta il Pontefice dell'antica Chiesa cattolica. L'attuale Direttore, che è italiano d'origine, è in ufficio da venti anni, ed è stimato oggi come il genio più alto di tutto il mondo. Egli è sempre consultato anche dai direttori degli altri Ministeri ed ogni Pancrate non muove un passo senza chiedere il suo consiglio.

Può dirsi che egli da venti anni raccoglie nel suo cervello il pensiero di tutto il mondo, essendo alla testa di tutte le scuole e facendo in tutte sentire la corrente delle proprie idee e del proprio affetto ardente per il progresso dell'umanità.

Quando egli ogni anno riunisce intorno a sè i proprii consiglieri e gli Ispettori, che gli presentano la relazione sulle scuole di tutte le regioni del pianeta, egli suol dire sempre: — *Andiamo a toccare il polso al mondo.*

Frase, che in bocca di chiunque altro, potrebbe sembrare troppo superba, ma che detta da lui non esprime che una grande e una semplice verità.

Oggi il grand'uomo si sta occupando di un grande problema, quello cioè di sapere fin dove la donna possa accompagnare l'uomo negli studii superiori. È questo problema vecchio come il mondo, ma che non è ancora risolto.

Dal secolo XIX al XXII si volle concedere alle nostre compagne una più larga parte negli studii e nelle professioni liberali, e si ebbero medichesse, avvocatesse, ingegneresse e tante altre *esse*.

Fin qui si era fatto bene, ma l'entusiasmo per quelle *esse* crebbe a tanto da creare una seria concorrenza professionale fra gli uomini e le donne, fonte di discordie domestiche e di litigi senza fine; ma quel che è peggio, le nostre compagne, abusando del lavoro intellettuale, al quale resistono assai meno di noi, caddero in tale nervosismo, da allarmare l'umanità. Le malattie nervose, gli aborti, l'epilessia, la nevrastenia erano all'ordine del giorno in ogni famiglia e i figli crescevano nevrosici e gracilissimi.

Com'è naturale, questo stato di cose produsse una reazione, e dall'eccessivo lavoro mentale che si imponevano le donne si passò ad un'inerzia esagerata. E d'allora in poi si può dire che nei diversi paesi del mondo si mantenne sempre aperta la questione: se cioè le donne debbano studiare e sapere quanto gli uomini, o se invece ogni sesso, avendo un diverso organismo e una diversa missione da compiere, debbano anche avere una parte diversa nel lavoro intellettuale.

È questo l'eterno problema, che sta studiando il nostro illustre Direttore, ed egli spera di risolverlo, perchè egli dice con quel suo sorriso fra l'ironico e il benevolo:

" Io per la mia età credo di poter studiare questa questione senza spirito di parte. I giovani, pur che siano uomini, in tutti i problemi che riguardano la donna, sentono sempre troppo che dall'altro lato c'è la femmina. Così come le donne, anche le più intelligenti e le più oneste, pensano sempre all'uomo come ad un maschio, da cui aspettano la massima delle voluttà e il diritto di esser madri. „

Il nostro Direttore è un grande nemico dell'intervento governativo nelle cose della scuola, ed egli dice che se le Religioni di Stato furono strumento di tirannia e di oscurantismo in tempi di barbarie ormai molto lontani, dobbiamo badare di non creare un'Istruzione o una Scienza dello Stato, che sarebbe egualmente fatale al progresso umano.

La religione alleata del Governo voleva dire tirannia delle coscienze, schiavitù del pensiero; dacchè chi proclama di avere in mano le chiavi della vita al di là può guidare le anime del volgo, che formano sempre la grande maggioranza di un popolo e condurla dove vuole collo scudiscio della paura e collo zucchero del paradiso.

Oggi la fede non si impone nè si governa dall'alto, ed ognuno crede ciò che vuole e quanto vuole; ma se il Governo da un unico centro dettasse la legislazione delle scuole, potrebbe guidare il pensiero dove egli credesse meglio e imporrebbe un nuovo giogo, creando una seconda forma di schiavitù.

Anche qui non abbiamo che poche scuole governative, nelle quali i grandi scienziati e letterati addetti a questo Dipartimento procurano di applicare le ultime riforme, facendone degli Istituti modelli; ma fuori di esse anche in Andropoli abbiamo scuole fondate da privati o da società e dove si insegna ciò che si vuole e come si vuole.

Nei giornali della capitale leggerete ogni giorno avvisi, che annunziano una nuova scuola, un nuovo insegnamento, una nuova cattedra. Vi sono scuole gratuite fondate da ricchi signori o da apostoli di nuove idee, che vogliono crearsi dei discepoli, e ve ne sono a pagamento.

Lo Stato non interviene che per autorizzare l'esercizio di una data professione, e in ogni regione vi è un Consiglio di dotti eletti dal Podestà, che una volta all'anno esamina coloro che vogliono una patente di medico, di ingegnere, di meccanico; insomma di una qualunque delle cento professioni, nelle quali si suddivide il lavoro umano.

A chi si presenta non si domanda mai dove egli abbia studiato, nè con chi. Gli si fanno esami rigorosissimi teorici e pratici a seconda dei casi e poi si concede o si rifiuta la patente a cui egli aspira. Non vi sono gradi di merito, onde non offendere l'amor proprio di alcuno ed anche perchè una lunga esperienza ha dimostrato, che per quanto le Commissioni esaminatrici sieno scrupolosamente imparziali e gli esami si facciano con tutta la coscienza e tutta la maturità, i giudizi non corrispondono sempre fedelmente al merito reale del candidato.

Naturalmente le scuole di Andropoli sono giudicate le migliori del mondo e quindi i diplomi che si rilasciano qui dall'Università della capitale hanno un grandissimo valore e ogni giorno giungono dai più lontani paesi studenti non laureati o già laureati, ma che vogliono conquistare il prezioso diploma metropolitano.

L'uomo quando pensa e quando discute, è sempre un grande decentratore, ma quando agisce diventa feroce centralizzatore, e a questo istinto, che ha dell'automatico, direi quasi dell'animalesco, i nostri scienziati moderni cercano di opporsi con tutte le armi della critica, della persuasione, dell'autorità indiscutibile, che danno ad essi la dottrina e l'esperienza.

Un altro problema, che tormenta attualmente il pensiero de' nostri alti consiglieri della scuola, è quello di conoscere le attitudini individuali, onde i maestri privati o pubblici possano guidare lo studente nella scelta della professione, nell'elezione degli studii. Qui, secondo noi, è riposto il segreto di tutta quanta l'efficacia della istruzione e della educazione.

Non vi ha forse uomo sulla terra, che non sia adatto a far qualcosa di utile e di buono; ma questa attitudine non è sempre cosciente, nè si rivela sempre anche al più acuto osservatore di cervelli e di intelletti.

L'esame delle cellule centrali fatto colla luce penetrante e cogli acuti strumenti ottici dei nostri *psicoigei* è ancora molto addietro nelle sue possibilità. Questi dotti sanno ben dirci, se un cervello porterà l'individuo a cui appartiene necessariamente al delitto, se appartiene ad un imbecille, a un uomo volgare o ad un genio; ma più in là non sanno andare.

Resta quindi ancora all'individuo, ai suoi genitori e ai maestri lo spiare l'andamento evolutivo del pensiero nelle prime età della vita, per scoprire quali sieno nel suo cervello gli organi deboli, quali i forti, onde rinforzare i primi e approfittare degli altri per la scelta della professione e l'indirizzo degli studi.

Noi non vogliamo spostati nella nostra società e chi sbaglia nella scelta della carriera è uno spostato e quindi un infelice. —

*

Paolo e Maria, ringraziando il cortese impiegato, che aveva fatto loro da cicerone nel Ministero della *Salute*, passarono nell'ultimo braccio della gran croce governativa, dove sulle pareti sta scritto *Industria e Commercio.*

E anche qui un nuovo cicerone fu loro di guida.

Sull'ingresso una statua gigantesca della Libertà domina alta e sublime, come per esprimere l'indirizzo nuovo preso dal lavoro umano nell'anno 3000, ma iniziato già da parecchi secoli.

— Vedi, — disse Paolo a Maria, — questa statua rappresenta un bellissimo schiavo, che ha rotte le catene, che stanno infrante ai suoi piedi. Esso si appoggia sopra un trofeo di ruote; di pile e di altri strumenti; mentre dall'altro lato un aerotaco e una nave indicano il commercio.

Vedi, Maria, quelle catene rappresentano i ceppi, nei quali visse o meglio soffrì l'industria col suo fratello il commercio nei tempi antichi. Il pensare a quei tempi mi dà raccapriccio e sento una profonda compassione per quei nostri remoti padri, che subivano pazienti tutte quelle forme variate di schiavitù commerciale e industriale.

Figurati, che fino al secolo XX in molte città d'Europa e in tutte le città italiane non si poteva entrare senza essere sottoposti ad una visita, brutale spesso e sempre noiosa, per parte di rozze guardie, che ti frugavano nelle valigie e nei bauli, dapertutto, per vedere se avevi oggetti sottoposti al dazio consumo, che pesava su tutte le derrate alimentari, sul vino, sul latte e sopra mille altre cose.

E quando la città o il villaggio era in riva al mare, anche se tu fossi giunto in barchetta da un paese lontano da quello, forse non più di tre o quattro chilometri, tu dovevi passare per la trafila di due categorie di guardie, quelle di finanza per vedere se portavi merci dall'estero e quelle municipali per verificare se volevi defraudare il dazio consumo.

Una doppia imposizione da subirsi in una passeggiata di un'ora! Grazie a Dio, si abolì il dazio consumo fin dal secolo XXI in tutte le città d'Europa e d'America; e poi man mano si andavano costituendo gli Stati Uniti del mondo, si abolirono anche le dogane in tutto il mondo ed oggi gli economisti non si ricordano più neppure del significato delle parole *protezionista* e *liberoscambista*. Evviva la civiltà! Evviva il progresso!

Oggi tutti i paesi del mondo si scambiano liberamente i loro prodotti e le dogane son relegate insieme alle fortezze nel Museo delle rovine del passato. —

E qui intervenne il cortese cicerone a dare i necessari schiarimenti.

— In questo dipartimento gli economisti, gli industriali, i commercianti, che per il loro ingegno, per le loro intraprese, per i loro studi hanno acquistato una fama mondiale, esaminano i grandi problemi del commercio cosmico, a cui danno preziosi consigli, grazie alle informazioni statistiche, che qui si raccolgono da ogni parte del mondo e a cui fanno appello gli industriali e i commercianti di tutto il pianeta.

Eccovi un esempio di una delle funzioni esercitate da questo Ministero.

Da tre o quattro anni nel Canadà si fondò una gran fabbrica di un nuovo materiale di costruzione per le case, che consiste nella riduzione in pasta degli alberi di acero di quelle immense foreste e che si mescola con diversi silicati solubili.

La solidità e il poco prezzo di questo materiale, la sua poca o nessuna conducibilità per il calorico lo resero in poco tempo popolarissimo, e l'uso andò diffondendosi in tutti i paesi del mondo. La fabbrica, incoraggiata dal successo, raddoppiò la produzione della pasta e la spinse ad un eccesso superiore al bisogno.

In pari tempo a Giava sorse un'altra fabbrica dello stesso genere, che anch'essa produce troppo. Il Governo centrale di qui, avvertito del fatto e forte dei dati statistici raccolti dalla produzione e il consumo della pasta di carte costruttive, avvertì per telegrafo l'una e l'altra fabbrica, perchè limitassero la produzione al necessario. Senza questo avvertimento, che fu comunicato proprio in questa settimana, dopo poco tempo una delle due manifatture avrebbe dovuto fallire.

E lo stesso vien fatto per tutte le altre grandi industrie, che da questo centro ricevono istruzioni e consigli.

Un'altra grande missione di questo Dicastero consiste nello studiare in opportuni laboratori i prodotti delle industrie nuove, che spesso non corrispondono per il loro valore reale alle speranze sempre troppo ottimiste dei loro inventori.

Qui si sfrondano molte illusioni, ma si impediscono anche molte catastrofi.

Quanto al commercio si fa lo stesso come per l'industria. Questo Dicastero non è un organo fiscale, ma un semplice ufficio di informazioni. Ogni grande commerciante di Pechino o di Nuova York, di Genova o di Londra, può nello stesso giorno conoscere per telegrafo il movimento commerciale di tutto il mondo rappresentato dalle navi entrate e uscite nei diversi porti e la natura e la quantità delle merci che portano in grembo. —

*

Dopo aver salutato e ringraziato la loro guida, i nostri viaggiatori lasciarono il Palazzo del Governo, ammirati dell'ordine, che vi regna sovrano e superbi di essere nati in un'epoca, che ha raggiunto tanti e così alti progressi nel movimento della civiltà.

Nell'uscire dal palazzo però Paolo e Maria videro a fianco dell'entrata una palazzina a un sol piano, da dove partono un'infinità di fili, che si dirigono verso tutti i punti dell'orizzonte. Sulla porta sta scritto a grandi caratteri una sola parola: *Denaro*.

Vollero informarsi che cosa fosse quell'uffizio. È null'altro che la ragioneria cosmica, come chi dicesse l'organo finanziario del nostro pianeta e che rappresenta tutte le funzioni, che un tempo esercitavano con un complicatissimo meccanismo i ministri di finanza, la Corte dei Conti, le Esattorie e tutti gli svariati strumenti di tortura, coi quali si estorceva il denaro dalle borse dei contribuenti per sopperire alle spese del Governo.

Le quattro grandi sezioni dello Stato informano la ragioneria centrale di quanto occorre per le spese universali di bonifica, di esplorazioni scientifiche, di salvaguardia della salute p. ubblica; e il ragioniere capo, dopo essersi consultato coi suoi pochi colleghi, una volta all'anno fa sapere a tutto il mondo il tributo che si esige da Andropoli.

Il Podestà di ogni regione ripartisce il tributo sopra ogni cittadino secondo le sue ricchezze. La tassa cresce in ragione geometrica della rendita di ogni cittadino. I poveri non pagano nulla. Questo è il bilancio cosmico, ma ogni Comune ha il proprio bilancio e anche qui le tasse sono geometricamente progressive e i poveri sono esenti da ogni tributo.

Ogni regione ha un Consiglio dei reclami, dove si mandano le proteste di coloro, che si credono tassati soverchiamente o ingiustamente, e Andropoli ha poi il proprio Consiglio per i reclami della tassa cosmica.

I giudizii emanati da questo Consiglio sono senza appello.

Le proteste poi nell'anno 3000 sono molto rare, perchè le tasse non vengono pagate che dai ricchi, perchè sono molto modeste e sopratutto perchè ognuno sa di pagare in proprio vantaggio; dacchè le entrate sono spese tutte a beneficio di ciascuno e dei grandi interessi universali.

CAPITOLO SESTO.

Il Ginnasio di Andropoli.

In una piazza tutta alberata di piante europee verdi si ergono in Andropoli due edifizii l'uno dirimpetto all'altro.

L'uno è il *Ginnasio*, dedicato alla ginnastica.

L'altro è la *Scuola*, dedicata all'istruzione.

Sul vestibolo del Ginnasio sta scritto a caratteri d'oro:

Siate sani e sarete a metà del cammino che conduce alla felicità. Siate forti e sarete liberi.

Davanti al Ginnasio si innalza una statua colossale e bella. È un Ercole, che è anche un Apollo, e che rappresenta la calma nella forza.

I nostri viaggiatori visitarono anche il

Ginnasio, che noi descriveremo sotto la loro dettatura, ma a grandi tratti soltanto, perchè per entrare in tutti i meravigliosi particolari di quella Scuola dei muscoli, converrebbe fare la storia atletica dell'anno 3000 e ci vorrebbe un volume.

Tutto quanto il Ginnasio è diviso in due grandi sezioni, una per gli uomini, l'altra per le donne; e soltanto in occasione di grandi feste atletiche i due sessi si riuniscono in apposito circo per le loro gare. Nella parte destinata alle donne tutti i maestri appartengono al bel sesso. Il Direttore generale del Ginnasio però è un uomo.

Tanto in una sezione come nell'altra i genitori, i parenti e gli amici dei discepoli possono assistere alle lezioni, alle gare, agli spettacoli, che si danno periodicamente.

Siccome nelle loro grandi linee le due sezioni, la maschile e la femminile, si corrispondono perfettamente; così noi descriveremo soltanto il riparto degli uomini.

Il primo riparto che si incontra a destra, appena entrati nel Ginnasio, porta scritto sulla sua porta in lingua cosmica due parole, che corrispondono all'antico latino:

Alere flammam.

Infatti lì entrano i fanciulli deboli, che vogliono robustirsi, i convalescenti che vogliono più presto ripigliar le loro forze e tutti coloro che, senz'essere deboli, vogliono allenarsi, dovendo fare lunghi e faticosi viaggi o volendo fare per qualunque cagione un straordinario consumo di forza.

Un buon allenamento, che trasforma un pallido letterato indebolito dallo studio in un robusto viaggiatore, non dura che un mese.

La prima operazione, che deve subire l'*allevando*, è la bagnatura fredda generale fatta con grosse spugne, a cui tien dietro il massaggio generale, che non si fa più colle mani di un massatore, ma con un ingegnosissimo strumento, detto il *pantomasso*.

È un astuccio, entro cui si chiude tutto

quanto il corpo nudo dell'allenando e che quindi varia di forma e di grandezza, perchè deve adattarsi a lui perfettamente, come un vestito ben fatto; e nessuna parte del corpo, fuori della testa, deve rimanere senza il contatto del pantomasso.

La superficie interna di quest'astuccio sembra tutta quanta unita, ma è invece formata come un mosaico romano di tanti pezzettini quadrati della superficie di un centimetro quadrato.

Ognuno di questi piccoli quadrelli è unito ad un filo, che trasmette il movimento per mezzo di un motore elettrico.

Una volta adagiato l'allenando nel pantomasso, si incomincia a far passare la corrente nei piedi, poi nelle gambe, nelle coscie e così su su finchè tutti i quadrelli si trasformano in altrettanti martelletti, che a guisa di quelli del pianoforte picchiano la superficie del corpo, ora blandemente, ora più forte, ora fortissimo; secondo il bisogno e le esigenze dei diversi casi.

La materia di cui è fatto l'astuccio e che è per conseguenza il materiale di ogni singolo martelletto, varia da una sostanza morbida e liscia come la pelle d'un guanto fino al metallo e alla pietra; per cui il massaggio secondo i casi è voluttuoso come una carezza piena di solletico che lambisce tutto il corpo, od è ruvido e violento come uno schiaffo.

L'operazione dura da pochi minuti fino ad un'ora e si esce dal pantomasso rossi come una barbabietola e spesso in quello stato ci si sottopone ad una doccia fredda.

Le operazioni più soavi si fanno ai bambini deboli e più spesso ancora ai vecchi, che vogliono prolungare la vita e che infatti riescono con questo mezzo a campare qualche anno di più e, ciò che è meglio ancora, a non soffrire gli acciacchi dell'ultima età.

Nel riparto destinato a rinforzare i deboli, la cura non è affidata soltanto al massaggio, ma si hanno esercizii diversi di altalena, di cavalcatura meccanica, ed altri che sono tutte quante applicazioni del moto comunicato; per cui senza spreco inutile e noioso di forze muscolari la circolazione capillare e l'attività vasomotrice vengono mantenute vivaci ed armoniche.

Alcune manipolazioni, alcuni esercizii sono molto noiosi, ma in questi casi una musica soave conforta la noia. La musica del resto in tutto il Ginnasio è alleata e compagna in tutte le forme dello *sport* e anche di quelle destinate ai più forti e ai più agili. Gli igienisti dell'anno 3ooo si sono convinti da un pezzo, che ogni esercizio ginnastico, che riesce noioso o dispiacente, perde la metà almeno della sua efficacia medicatrice. In taluni casi riesce anzi dannoso alla salute.

Oltre il massaggio generale di tutto il corpo applicato col pantomasso si fanno massaggi a speciali organi, sempre con apparecchi meccanici, a seconda dei casi e delle speciali indicazioni terapeutiche.

Spesso il massaggio è associato alla corrente elettrica, dinamica o nervea, e a speciali abbassamenti o innalzamenti di temperatura; per cui è possibile nello stesso individuo di portare su tutta la superficie del corpo od anche soltanto sopra un centimetro quadrato della sua pelle una data quantità di moto, di calore e di elettricità, diversamente associati e diversi nell'intensità e nel tempo.

Nel Ginnasio in singoli riparti si studia l'equitazione, il nuoto, la lotta, il salto, la corsa, il velocipedismo; insomma tutti gli esercizii dello sport.

Un'intiera sezione è dedicata all'idroterapia igienica e curativa, e chi volesse comparare i metodi usati nell'anno 3000 con quelli rozzi e primitivi del secolo XIX potrebbe persuadersi dei grandi progressi, che aveva fatto questo ramo dell'igiene.

Il Ginnasio è nello stesso tempo una scuola e una palestra.

Nella scuola si accettano i fanciulli e i giovanetti, che dopo esser stati visitati da un medico sono consigliati a seguire un dato metodo di ginnastica, che si adatta alla loro età e alla loro costituzione. Dopo un certo tempo possono chiedere di essere sottoposti ad esame e ricevono un attestato, che li dichiara egregi o mediocri cavallerizzi, nuotatori, lottatori, ecc.

In questi tempi ogni uomo si crederebbe disonorato, se giunto ai vent'anni non sapesse nuotare, cavalcare, correre, saltare, lottare. La forza muscolare ben esercitata ha fatto quasi del tutto scomparire dalla terra il nervosismo, la nevrastenia e tutti i malanni fisici, che avevano tanto tormentato uomini e donne dalla fine del secolo XIX fino al secolo XXI.

Ogni anno si danno due o tre grandi feste atletiche, nelle quali gli allievi e i dilettanti del Ginnasio fanno bella mostra di sè. Sono feste solenni, alle quali prende viva parte di curiosità amorosa tutta la popolazione e vi assiste sempre anche il Pancrate coi suoi quattro grandi ministri.

Capitolo Settimo.

Il Palazzo della Scuola. — La prima scuola. — La scuola media. — La scuola degli alti studî. — Lezione sull'influenza della passione sulla logica del pensiero.

Dirimpetto al Ginnasio s'innalza severo e grande un gigantesco edifizio, composto di tre palazzi riuniti da una galleria comune e da giardini.

Sul vestibolo di architettura greca si leggono queste parole:

Volere è potere, ma a patto di sapere.

Maria lesse questo motto con sorpresa e con ammirazione e volta a Paolo gli disse:

— Oh quanta sapienza in queste poche parole! Mi pare che in esse è riposta tutta la scienza della vita. Esse possono servire di pietra fondamentale all'arte di esser felici e a tutta la pedagogia. E chi le avrà pensate?

— Credo che le avranno pensate tutti quanti gli uomini di buon senso, dacchè il germe di tutte le grandi verità è riposto in ogni cervello ben organizzato; ma chi le pronunziò per la prima volta fu un cittadino di Firenze, che visse verso la fine del secolo XIX; che fu deputato, sindaco della sua città ed anche ministro. Si chiamava Ubaldino Peruzzi, e fu arguto, attivo, pieno di attico sale e di buon senso. E a provarlo basterebbero queste sante parole, che oggi vediamo scolpite in caratteri d'oro sul Palazzo della Scuola. —

Al Palazzo della Scuola si sale per una larga scalinata, alla cui sommità proprio nel mezzo si vede una statua colossale, che rappresenta la Scienza.

Quella statua è fusa in *elettro,* metallo fatto d'una lega d'argento, di palladio e di alluminio, che vince in bianchezza la neve e in splendore supera tutti i metalli più sfolgoranti conosciuti nell'antichità. Quando il sole la illumina, brilla di tanta luce, che appena si può guardarla e nella notte splende ancor più, illuminata sempre dalla luce elettrica.

La statua ha due grandi occhi fatti di diamante, che col sole e colla luce elettrica paiono due stelle. Guarda verso il cielo sorridendo, come se spiasse il lontano orizzonte, e col braccio destro rivolto in alto tiene una fiaccola, che coll'artifizio di diverse luci, dei colori dell'iride, sparge tutto all'intorno come tanti raggi sfolgoranti.

Il Palazzo della Scuola è in una piazza posta ad una certa altura, per cui quella statua veduta nella notte da ogni punto della città sembra un faro.

E infatti è il faro di Andropoli, è la luce della scienza, che dalla capitale del nostro pianeta sembra illuminare tutto il mondo.

E non fu forse la scienza, quella che guidò gli uomini alla ricerca del vero e del buono?

E non fu forse la scienza, che trasformò il selvaggio irsuto e feroce, preda delle belve e degli uragani, nell'uomo bello e potente, che guida il fulmine, trafora i continenti, e che lo ha fatto padrone assoluto del suo pianeta e gli fa sperare nell'anno 3000 di far sentire la sua voce ai suoi colleghi planetarii?

Paolo e Maria, entrati nel vestibolo del palazzo, seppero che i tre edifizii dei quali è composto sono dedicati alle tre grandi branche dell'insegnamento:

La prima scuola.
La scuola media.
Gli alti studii.

Vollero visitare la prima scuola accompagnati da uno dei maestri, che si offerse loro come guida.

Percorsero rapidamente le ampie sale ben ventilate, innondate di luce e di aria pura e dove siedono gli scolaretti; uno separato dall'altro e seduti in comoda sedia col rispettivo scrittoio.

I maestri circolano fra banco e banco, badando al còmpito assegnato, dando consigli e ammonizioni secondo il caso.

In una delle scuole gli scolari stanno

scrivendo. Non è la scrittura antica durata fino al secolo XXI, nella quale vocali e consonanti dovevano esser tutte quante rappresentate da una lettera; ma era una stenografia, in cui le vocali eran tutte ommesse o indicate da segni semplicissimi; per cui la scrittura era dieci volte più celere dell'antica.

Il maestro, che serviva di guida ai nostri viaggiatori, disse loro che in quelle scuole elementari giungono i ragazzi dopo i sei anni e che quasi tutti hanno già imparato nelle loro famiglie il leggere e lo scrivere.

— Qui noi insegniamo praticamente la morale, l'aritmetica, un po' di storia, l'arte di esprimere i proprii pensieri nella lingua cosmica, gli elementi di fisica, di chimica e di scienze naturali, che possono riuscire più indispensabili alla pratica della vita. Nessun insegnamento religioso, perchè ogni famiglia ha la propria religione, e i genitori, secondo le loro idee, istruiscono i figliuoli in quella religione che hanno adottato.

In questa *prima scuola* ragazzi e ragazze studiano insieme e i maestri son maschi e femmine senza distinzione e i genitori però hanno diritto di scegliere un maestro o una maestra a loro piacimento.

L'istruzione elementare non dura che tre anni. Gli scolari pagano quasi tutti l'insegnamento, che è loro conferito. Non è che ai poverissimi che provvede lo Stato. Le lezioni non durano che tre ore al giorno, con due giorni di vacanza per settimana. —

Dalla prima scuola passarono i nostri pellegrini alla *Scuola media,* che corrisponde alla *Scuola secondaria* del mondo antico.

Vi si insegna tutto ciò che serve alla coltura generale e l'insegnamento è diviso in due grandi branche.

Gli studii scientifici.

Gli studii letterarii.

Nessuna lingua antica: si studiano soltanto gli scrittori della lingua cosmica e nell'analisi critica delle loro opere si cerca di educare il sentimento del bello.

La storia e la geografia si insegnano a tutti e formano lo scheletro dell'insegnamento.

La filosofia è scomunicata da un pezzo, perfino nel nome, ed è stata sostituita dalla psicologia e dall'antropologia.

Negli studii scientifici è data una parte maggiore all'insegnamento delle scienze naturali, delle matematiche elementari, della meccanica, della fisica e della chimica.

Laboratorii e officine sono annessi ad ogni insegnamento e gli scolari, che devono avere almeno dodici anni di età, completano il corso dei loro studii in quattro anni.

Finito il corso, un esame molto rigoroso dà la patente di coltura generale e di questa si accontentano tutti coloro, che non volendo esercitare alcuna professione speciale, non hanno altra aspirazione che quella di essere uomini colti, di amministrare i proprii beni e di perfezionarsi poi da sè, seguendo liberamente le lezioni dei corsi superiori.

La *Scuola media* dà una patente letteraria e una patente scientifica.

La prima è necessaria per chi voglia darsi alla professione di giudice o di scrittore, la seconda per chi voglia divenire ingegnere (di qualunque delle tante branche dell'ingegneria) o medico.

La *Scuola degli alti studii* ha corsi distinti per i professionisti e per la scienza pura e corrisponde all'Università degli antichi. Non c'è obbligo di iscrizione per nessun scolaro e l'esame finale non è necessario che per coloro che desiderano un diploma professionale.

Anche qui uomini e donne siedono sugli stessi banchi e dalla cattedra dettano lezione anche parecchie donne.

Per esser professore nella prima scuola o nella media si deve avere una patente, che non si concede che dopo un esame lungo e molto severo.

Per dettare lezioni nell'*Alta scuola* non si esige alcun esame, ma si devono presentare opere stampate.

Le cattedre sono infinite di numero, perchè ognuno, che siasi dedicato a una ricerca speciale, può aprire un corso sull'argomento prediletto, purchè ne abbia fatto dimanda al Consiglio superiore delle Scuole, composto di tre soli individui, che rappresentano le tre branche dell'insegnamento.

Paolo e Maria ebbero voglia di assistere ad una delle tante lezioni, che si facevano in quel giorno, e entrati a caso in una sala, videro annunziato l'argomento, che tratterebbe il professore in quel giorno.

L'annunzio diceva:

Storia degli errori umani. Influenza delle passioni sulla logica del pensiero.

La lezione non durò che un'ora e diede ai nostri viaggiatori un grandissimo diletto.

L'oratore era molto dotto, aveva la parola facile, abbondante, e colla sua arguzia talvolta mordace rendeva piacevole anche la più arida dottrina e la storia documentata degli errori umani.

Tutto il corso di quell'anno e del successivo doveva essere dedicato alla storia degli errori umani; ma in quel giorno il professore dedicava la sua eloquenza all'esame dell'antica avvocatura e degli errori, nei quali era trascinata un tempo la ragione umana dai periti scientifici, che i tribunali assegnavano alla difesa o all'accusa dei delinquenti.

" Vi fu un tempo (diceva egli) di lontanissima barbarie, in cui a forza di voler rischiarare i problemi della colpa, a furia di voler portare troppa luce nei giudizii onde la verità ne uscisse limpida e chiara, si abbagliavano talmente gli occhi dei giudici, da portarli alle sentenze più assurde.

" I giudici, che avrebbero dovuto essere soli competenti, avevano di contro un pugno di uomini trovati per strada, medici o ingegneri o commercianti, che non avevano mai studiato neppure l'alfabeto della scienza giuridica e che pure in ultimo dovevano sentenziare, assolvere o condannare.

" E i poveri giurati, innocenti nella loro ignoranza, paurosi della loro immeritata responsabilità, si volgevano ai periti tecnici, agli uomini di scienza, che avrebbero dovuto illuminarli, e la luce sovrapposta alla luce produceva invece tenebre sempre più dense.

" I periti della difesa dicevano :

" Non vi è veleno nelle viscere della vittima.

" E i periti dell'accusa dicevano invece :

" Vi è veleno.

" E i poveri giurati davanti a così sfacciate contraddizioni, abbagliati e confusi dal cozzo dell'eloquenza avvocatesca, dalle liriche invettive dei giudici, sballottati fra la scienza che negava da sè stessa la propria efficacia colle flagranti contraddizioni e perduti nel labirinto dei sofismi, dei paradossi, della dialettica, che cadevano sulle loro spalle come tanti proiettili in un dì di battaglia, finivano per abbandonarsi alla suggestione del sentimento; il più infido dei giudici nel campo della giustizia, e sentenziavano col cuore, invece che colla ragione.

" E in ultima analisi, non era la scienza giuridica, non la scienza dei periti che dava il supremo giudizio, ma era l'egoismo o la compassione.

" Il primo diceva ai giurati:

" Quell'uomo ha rubato: lasciato libero, potrà rubare ancora e mettere le sue mani anche nelle tue tasche.

" Dunque in prigione, alla galera.

" Quella donna bella e giovane ha peccato in amore. Quanto volentieri avrei diviso il peccato con lei!

" Poveretta! Le sia data la libertà.

" E quando invece la compassione compariva o scuoteva le fibre sensibili dei giurati, era assolto il colpevole, quando la compassione per lui era più forte che per la vittima. Era invece condannato, quando gli avvocati eran riusciti a far sentire più forte la compassione per la vittima.

" Come vedete, — diceva il professore, — era un problema di affinità elettiva, era una lotta del sentimento colla ragione e la povera giustizia andava sommersa troppo spesso in queste lotte molto disuguali.

" Ecco che cosa era la giustizia dieci secoli or sono. Ma non vogliamo essere troppo superbi noi altri uomini del secolo XXXI, perchè anche noi non sappiamo sempre disgiungere e separare nettamente il cuore dal pensiero, nei nostri giudizii. „

La lezione, spesso interrotta da risate di approvazione, fu fragorosamente applaudita al suo fine e i nostri viaggiatori lasciarono il Palazzo della Scuola, molto contenti della loro visita.

Capitolo Ottavo.

Gita ad Igeia. — La statua innalzata ai medici più illustri dell'antichità. — L'anticamera dei malati. — Le sezioni dell'Igeia. — La visita ad un tubercoloso fatta da un *pneumologo*. — La moneta di cartoncino dell'anno 3ooo. — Dipartimento degli Igei. — La visita ai bambini neonati. — Soppressione di un bambino. — Una madre pietosa e crudele in una volta sola.

Paolo svegliò Maria, che dormiva ancora, stanca di una lunghissima passeggiata fatta il giorno innanzi, dicendole:

— Abbi pazienza e alzati subito, perchè il Direttore dell'Igeia mi ha dato appuntamento per questa mattina, onde vedere il grande Istituto della salute, dove si curano i malati o i feriti, che hanno bisogno di una cura urgente. —

Maria non si fece pregare due volte e in mezz'ora era vestita e pronta alla gita combinata.

Con una breve passeggiata salirono sopra un colle posto nella più amena e ridente posizione di Andropoli e dove si innalza gigantesco e maestoso il grande edificio d'Igeia. Tutt'all'intorno alberi sempre verdi di conifere del Giappone e della China, che fanno un'ombra fresca e spandono tutto all'intorno un simpatico aroma di resina. Sotto quelle piante si vedono molte panche di legno, dove siedono i convalescenti.

Entrati per la porta principale si trovarono in un ampio cortile, tutto popolato di statue di marmo e di bronzo, che si innalzano fra aiuole profumate di fiori.

Nel centro campeggiano tre statue, quelle dei tre grandi fondatori della medicina antica.

— Vedi, Maria, questo è Ippocrate, medico greco, che visse quattro secoli prima del Cristo e che fu per molti anni il padre dell'antica medicina. Egli ci ha lasciata la più vasta enciclopedia di scienza medica, che mai sia stata scritta da un solo uomo. Nei suoi libri si trovano verità, che son vere anche oggi.

Quest'altro è Avicenna, medico arabo, a cui fu innalzata questa statua, non per la farraginosa compilazione polifarmaca di mille ricette, ma perchè scrisse, che *la medicina è l'arte di conservare la salute;* profetizzando così ciò che sarebbe l'arte medica molti secoli dopo di lui.

Quest'altro è Galeno, medico greco anch'egli, ma che esercitò l'arte sua a Roma. Egli ha messo la prima pietra all'anatomia umana, desumendola da quella della scimmia, non essendo ai suoi tempi lecito il taglio del cadavere dell'uomo. Oltre a questa sua gloria egli fece fare passi giganteschi alla medicina e alla chirurgia.

Tutt'all'intorno, tu vedi più di una cinquantina di altre statue, innalzate tutte per trasmettere ai posteri la memoria di medici illustri; nè io starò a indicarteli tutti, perchè dovrei farti la storia di tutta l'arte medica, nei suoi molteplici rami. Voglio soltanto che ci fermiamo dinanzi ai più grandi fra essi.

Questo è Jenner, che colla scoperta del pus vaccinico e della vaccinazione, preparò quella del Pasteur, che visse e morì in Francia nella seconda metà del secolo XLI, e che estese la vaccinazione al carbonchio, alla idrofobia, aprendo una nuova era all'arte curativa. E come tu vedi, la sua statua fu messa con molta ragione accanto a quella dello Jenner.

Subito dopo la statua del Pasteur, tu vedi quella del Lister, che colla sua cura antisettica salvò milioni di vittime, rendendo possibili le più audaci operazioni chirurgiche, e innocue quasi tutte.

Quest'altra statua è innalzata al dottor Micali, medico italiano, che nel secolo XXV, perfezionando la luce Röntgen riuscì a render trasparente tutto quanto il corpo umano, permettendo così di vedere ad occhio nudo il cervello, i polmoni, il cuore; tutti quanti i visceri e perfino il midollo delle ossa.

Dopo questa scoperta furono inutili il plessimetro, lo stetoscopio e tutti gli altri strumenti ingegnosi, coi quali dal secolo XIX al XXV si cercava di conoscere le alterazioni profonde dei nostri organi interni.

Questa altra statua, che in ordine di tempo è la ultima innalzata ai medici illustri, è quella del dottor Yang-Feu, medico chinese, che trovò modo di sopprimere il dolore fisico e di calmare anche tutti i dolori morali, appena essi compaiono. È con un ordegno piccolissimo e che ognuno può tenere nella sua tasca e che si chiama *algofobo*. Ha due punte smussate, come chi dicesse due poli. Uno di essi si applica al vertice del capo, l'altro nel mezzo della colonna vertebrale; per essi si fa passare una corrente, che narcotizza tutte quante le cellule sensibili e il dolore cessa all'istante.

Un tempo anche la semplice carie di un dente, una semplice indigestione, perfino il parto il più normale di questo mondo erano sorgenti di terribili dolori, che facevano maledire la vita. Oggi se non si guariscono tutte le malattie, si è soppresso però il dolore, che le accompagnava quasi tutte e che era di diverse forme; l'una più tormentosa dell'altra.

Una volta il morire di morte naturale era rarissima eccezione e se ne contava un caso fortunato forse sopra mille, e tutti quanti gli uomini morivano per malattia. Oggi invece la regola generale è di morire di vecchiaia e senza dolore, perchè, come vedrai, si sopprimono fin dalla nascita tutti gli organismi mal fatti, e la malattia, che si scopre dal suo primo apparire, si può quasi sempre guarire e soffocare nei suoi primordii. Non muoiono di malattia che quelli che non hanno potuto a tempo consultare il medico, o che per ferite o cadute gravi presentano tali lesioni traumatiche, che non permettono più la vita. —

Mentre Paolo cercava di informare la sua dolce compagna degli infiniti progressi fatti dalla medicina nel corso dei secoli, apparve loro innanzi il Direttore, che, avendoli veduti dalle finestre del suo studio, era sceso frettoloso per incontrarli.

Dopo aver dato loro il benvenuto, li accompagnò attraverso le sale d'aspetto, dove siedono i malati o quelli che si credono tali, aspettando la visita.

Maria sentì il bisogno di dirigere subito questa domanda al Direttore dell'Igeia:

— Ma tutta questa gente deve essere ben poco malata, se colle sue gambe vien qui a consultare i medici dello stabilimento.

— Cara signora, un tempo non si chiamava il medico, che quando il male era già tanto avanzato, da obbligare il paziente a letto e in modo anche da rendere quasi sempre difficile ed anche impossibile la guarigione.

Ora invece si sa, che quasi nessuna malattia ci cade addosso come un fulmine, ma si prepara con disturbi quasi impercettibili e che sfuggono ai cattivi osservatori.

È per questo, che in tutte le scuole si insegna a tutti ad osservare attentamente il proprio organismo e l'andamento delle funzioni. E appena uno si accorge di avere il più piccolo dolore o il più piccolo disturbo, accorre qui o in un'altra Igeia per far osservare i proprii visceri e soffocare così fin nella culla il menomo male, che lo minacciasse.

Una volta si figuri, gentile signora, che un solo uomo curava tutte quante le malattie. Il medico era allora chirurgo, ostetrico, oculista; ma nel secolo XIX la scienza nostra era già così progredita, che i medici dovettero specializzarsi e si ebbero chirurghi, oculisti, medici dell'orecchio, del petto, del ventricolo, ecc., ecc.

Questa suddivisione del lavoro medico andò sempre più allargandosi, finchè oggi per ogni viscere abbiamo uno specialista, tante e tante sono le alterazioni che può subire ogni organo e tanti sono i mezzi per ricondurlo all'andamento normale delle sue funzioni. Si figuri, che per il solo cervello abbiamo almeno una ventina di specialisti, che curano le malattie delle cellule motrici e delle pensanti, che studiano le malattie del pensiero, della volontà e così via; così come abbiam *osteopati* per le affezioni delle ossa, *ematopati* per le malattie del sangue, *epatopati* per quelle del fegato, *nefropati* per quelle del rene, *gastropati* per quelle del ventricolo, e così di seguito.

Abbiamo poi la più alta gerarchia fra i medici, quella degli *Igei*, che studiano gli organismi sani, per spiare prima dello sviluppo della malattia la disposizione ad ammalare; e sono essi che visitano i neonati per verificare se sono atti alla vita. Anche fra essi si è formata una sottospecialità, che è quella dei *Psicoigei*, che come vedremo fra poco, constatano nel neonato le future attitudini al delitto, onde sopprimere i delinquenti, prima ch'essi possano recar danno alla società in cui son nati.

Ma ecco qui, che un medico astante passa in rivista i clienti giunti questa mattina, per indicare loro a quale sezione dell'Igeia devono dirigersi per essere visitati. —

Un giovane chiamava i clienti per il numero, che era stato loro consegnato alla porta, e dopo aver domandato loro di che soffrissero, indicava loro se dovessero consultare il *gastropato*, l'*epatopato* o l'*ematopato*.

Era una visita molto sommaria e l'indicazione poteva anche essere sbagliata, ma lo specialista l'avrebbe poi corretta, quando avesse visitato il cliente colla luce perfezionata del Röntgen.

Quest'operazione distributiva dei malati si faceva col massimo ordine, senza dispute e senza confusione e in meno di mezz'ora tutta la sala rimase vuota, perchè ognuno aveva avuto l'indicazione, che doveva guidarlo all'uno o all'altro dipartimento dell'Igeia.

— Ed ora che abbiamo veduto la sala d'aspetto, — disse il Direttore, — andiamo a visitare uno dei tanti compartimenti, nei quali gli specialisti osservano i malati e prescrivono loro il metodo di cura. Se non dispiace loro, andremo nella sezione dei *pneumopati*, cioè di quelli che soffrono degli organi respiratorii. —

Entrarono infatti in questa sezione, dove

molti malati d'ambo i sessi aspettavano di essere visitati.

Un giovane gracile, pallido e sottile stava per l'appunto aspettando la chiama.

Il *pneumologo* lo invitò a svestirsi e quando fu del tutto nudo, lo pregò di mettersi in piedi in una specie di nicchia e allora a un tratto scomparve la luce che rischiarava la camera e tutto rimase nel buio. Subito dopo però il medico diresse un fascio di luce su quell'uomo nudo, che divenne trasparente come se fosse di vetro.

Si vedeva il cuore batter frettoloso e irregolare, si vedevano i polmoni dilatarsi e contrarsi ritmicamente, si vedevano tutti i visceri del ventre, come se quell'uomo fosse stato aperto dal coltello anatomico; si poteva scorgere perfino il midollo nel profondo delle ossa.

Il pneumologo lo guardò lungamente con un doppio cannocchiale, facendo mettere il malato di fronte, poi di fianco, poi col dorso rivolto a lui e poi:

— Consolatevi, che il vostro male è sul

principio ed è guaribile in poco tempo. Voi siete minacciato da una tubercolosi, ma sarà vinta con un buon regime respiratorio e alimentare. Vestitevi ed io scriverò ciò che dovete fare. —

Il medico andò a un tavolino e scrisse queste prescrizioni:

Recarsi subito sull'Everest, alla stazione di Darley, posta all'altezza di 2000 metri, prendervi alloggio e rimanervi per un anno intero: poi in seguito per parecchi anni ritornarvi soltanto nei mesi dell'inverno. Dieta lattea e carnea. Per gli altri particolari l'ammalato seguirà i consigli del medico direttore della Stazione di Darley.

L'ammalato, che veniva da un villaggio lontano e molto all'infuori della corrente della nuova civiltà, domandò al medico pneumologo:

— Non dovrò prendere nessuna medicina? —

Il medico si mise a ridere e poi:

— Chè nel vostro villaggio avete ancora dei farmacisti? Qui ad Andropoli e in tutte le grandi città planetarie le farmacie non esistono più da forse un secolo. Le pillole, le pozioni, i cerotti sono avanzi della medicina antica. Oggi si curano tutte le malattie col cambiamento di clima, col regime alimentare, e coll'applicazione razionale del calore, della luce e dell'elettricità. I farmacisti furono per molti secoli i continuatori dei maghi, che curavano le malattie cogli esorcismi, e coi versetti del Corano o colla preghiera rivolta a Dio, alla Beata Vergine e ai suoi santi. E le ricette erano come lettere indirizzate a persone, di cui si ignora il domicilio. Qualche volta per caso incontravano chi doveva riceverle, ma il più delle volte pillole, polveri e decotti, dopo una corsa più o meno rapida attraverso il tubo gastroenterico, andavano a finire nel cesso, senza aver incontrato il viscere a cui erano indirizzate e che avrebbero dovuto curare e guarire. Ogni medico aveva la sua ricetta e ogni scuola cambiava metodo di cura. È in quell'epoca, che un grande poeta francese, che fu anche per poco tempo Presidente della Repubblica di Francia, fece la più amara, ma la più vera critica della medicina del suo tempo, dicendola: *une intention de guérir;* ma anche per parecchi secoli dopo il Lamartine quella definizione fu la fotografia fedele dell'arte di curare i malati. —

Il pneumologo passò a visitare gli altri malati, e i nostri viaggiatori colla loro guida escirono da quel riparto per recarsi a quello in cui si visitavano i neonati.

Paolo e Maria avevano osservato che quel malato di petto, che aveva subito la visita davanti ad essi, ringraziando il medico, gli aveva messo in mano un piccolo cartoncino.

Era il pagamento della sua visita.

Nell'anno 3000 da gran tempo non circolava più il denaro e la moneta corrente è costituita da tanti cartoncini piccolissimi, e tutti della stessa grandezza, che portano un timbro, quello del ministro delle finanze, e dove in una linea lasciata in bianco, ognuno scrive il proprio nome e la somma che vuole.

Il colore del cartoncino indica le somme che si possono scrivere su di esso, essendovi venti serie, contraddistinte ciascuna da un diverso colore:

Da una lira a cento — cartoncino bianco.
Da 100 a 500 — cartoncino bigio.
Da 500 a 1000 — cartoncino azzurro chiaro.
Da 1000 a 2000 — cartoncino azzurro oscuro.
Da 2000 a 5000 — cartoncino verde glauco.
Da 5000 a 10 000 — cartoncino verde smeraldo.
Da 10 a 20 000 — cartoncino giallo pallido.
Da 20 a 50 000 — cartoncino arancione.
Da 50 000 a 100 000 — cartoncino violetto chiaro.
Da 100 a 200 000 — cartoncino violetto oscuro.
Da 200 a 300 000 — cartoncino mezzo bianco e mezzo nero.
Da 300 a 500 000 — cartoncino roseo.

Da 500 a 600 000 — cartoncino roseo oscuro.

Da 600 a 700 000 — cartoncino mezzo giallo e mezzo verde.

Da 700 a 800 000 — cartoncino mezzo azzurro e mezzo rosso.

Da 800 a 900 000 — cartoncino mezzo verde e mezzo rosso.

Da 900 000 a un milione — cartoncino mezzo bruno e mezzo rosso.

Da 1 a 2 milioni — cartoncino mezzo bianco e mezzo verde.

Da 2 a 3 milioni — cartoncino argenteo.

Da 3 a 10 milioni — cartoncino aureo.

Il valore di queste monete è dato però non dalla firma di chi lo spende, ma da quella dell'*ottimato*, che si legge in basso a destra del cartoncino.

Gli *ottimati* sono i cittadini più onesti, più ricchi e più stimati del paese, ai quali il Consiglio Superiore di Governo ha dato dopo lunga discussione e ponderato esame quel titolo onorifico. Così come vi sono cartoline di diverso valore, così ogni ottimato, secondo la fortuna ch'egli possiede, può firmare una diversa categoria di cartoncini.

Come è naturale gli ottimati più ricchi possono firmare anche i cartoncini argentei e aurei, e ve n'ha alcuni, di fama così universale, che la loro firma vale in tutto quanto il pianeta. I più modesti di fortuna, conosciuti soltanto nel loro villaggio o nella loro città, non sono autorizzati che a firmare i cartoncini di somme più esigue.

Gli ottimati per dare a quei pezzetti di carta il valore desiderato non hanno bisogno di altre firme oltre la propria, e si può dire, che batton moneta in casa propria.

Quando si vuol comperare un oggetto si dà al venditore un cartoncino, che corrisponde al suo valore, scrivendovi le cifre intermedie fra quelle che vi sono iscritte, e quando col lungo uso questa moneta di carta è troppo sudicia e troppo sdruscita, si porta alla Cassa centrale dello Stato, dove è cambiata. Unico inconveniente di questa moneta è la sua combustibilità, ma in caso d'incendio chi può presentarsi alla Cassa centrale, raccomandato da quattro ottimati, come onesto, giura sul proprio onore di aver perduto una data somma, e questa gli è puntualmente e subito rimborsata. Se quella sventura colpisce un ottimato, basta la sua parola per dar fede alla propria dichiarazione.

Ed ecco come si è incoraggiati nell'anno 3000 ad essere onesti, sinceri, ad essere perfetti galantuomini; dacchè l'onestà dà credito e il credito procura la ricchezza.

È inutile dire che due volte all'anno in ogni città e in ogni provincia i consiglieri della finanza si riuniscono per fissare le norme della circolazione, la quale è sempre regolata dalla ricchezza del paese e dalla capacità finanziaria dei singoli ottimati, che firmano i cartoncini.

Questa moneta comoda a maneggiarsi e garantita dalla perfetta onestà di chi la firma, corre collo stesso valore in tutti i paesi del mondo, ed ha semplificato d'assai il corso del commercio e l'andamento di tutti gli affari.

Il cartoncino, con cui il povero tubercoloso aveva pagato il medico pneumologo, era bianco e vi era scritta la cifra di L. 50; onorario comune in quel tempo di una semplice visita medica. I poveri sono visitati gratuitamente o per essi sono pagati dai ricchi.

I nostri viaggiatori percorsero rapidamente le corsie, dove erano curati gli infermi, a cui occorre una pronta e urgente medicazione o che devono subire operazioni chirurgiche difficili o impossibili nelle abitazioni private.

Le chiamo corsie, per adoperare una vecchia parola e perchè le camere dei malati erano poste le une dopo le altre e in due file separate da un ampio corridoio, ma ciascun malato ha la propria camera, bastantemente ampia e dove opportuni ventilatori rinnovano l'aria, di giorno e di notte, mantenendovi sempre la temperatura dovuta, secondo la stagione e la natura del male.

Inutile dire che pareti e pavimento sono di porcellana azzurrina, onde non offendere la vista, e vengono lavate ogni giorno onde impedire qualunque infezione.

— Prima di passare alla sezione degli Igei, — disse il Direttore, — daremo un'occhiata al dipartimento, in cui si curano le malattie traumatiche, cioè le ferite, le bruciature, le fratture e tutte le lesioni prodotte da accidenti meccanici o da violenze esteriori. Pur troppo la civiltà, per quanto avanzata, non può difenderci da queste disgrazie e la chirurgia deve curarle, come la medicina fa delle malattie che si sviluppano spontaneamente. —

Entrati nella sezione dei traumi, un chirurgo stava appunto medicando una grave ferita in un braccio, con grave perdita di sostanza.

— Ecco qui, miei signori, un caso molto interessante. Un tempo questa ferita, anche colla cura antisettica più perfetta, avrebbe lasciato una gran deformità con assoluta impotenza dell'arto ferito. Invece oggi sappiamo produrre artificialmente dei protoplasmi, che appena preparati si applicano dove manca una porzione di pelle o di muscolo. Si fa in questo modo un vero innesto di sostanza germinativa, che messa in contatto dei tessuti vivi, prolifica e riproduce il muscolo che manca; e così il braccio è restituito allo stato normale e riprende le sue funzioni. La parte difficile di quest'operazione consiste nel mettere la quantità precisa di protoplasma che si richiede, e che non deve essere nè scarsa nè eccessiva; ma la pratica del chirurgo riesce a raggiungere lo scopo desiderato. —

Paolo e Maria videro altri casi di fratture, di lussazioni, che erano medicati senza dolore e colla massima facilità.

— Ed ora, — disse il Direttore, — andiamo a visitare la sezione degli Igei. —

Maria, che aveva udito parlare della soppressione dei bambini inabili alla vita, ma che non ne sapeva altro, era alquanto turbata e incerta, se dovesse entrare in quel dipartimento, ma Paolo le disse:

— Noi dobbiamo e vogliamo vedere ogni cosa. Andiamo. —

Entrarono in una vasta sala, dove si sentiva un confuso guaito di cento bambini, che piangevano fra le braccia delle loro mamme o di altre donne. Era una scena molto triste, perchè il pianto di tante creature innocenti era reso ancora più tristo dalla fisonomia angosciosa di quelle donne, che aspettavano dal medico la sentenza di vita o di morte dei loro figliuolini.

— Ecco qui, — disse il Direttore, — tutti questi bambini non hanno più di tre giorni di vita e le loro mamme possono accompagnarli, dacchè ora il parto non è più una malattia, che un tempo obbligava le partorienti a stare a letto per più d'un mese.

I progressi dell'igiene hanno reso il parto una funzione naturale, che si compie senza dolore e senza lasciare alcuna triste conseguenza. La donna oggi partorisce come qualunque altro animale e poche ore dopo il parto si alza dal letto per accudire alle proprie faccende e qui, come vedete, quasi tutti i bambini sono condotti dalle loro stesse madri, meno alcune poche, molto sensibili e timorose di lasciare qui per sempre il frutto delle loro viscere, e che li affidano a qualche loro stretta parente. —

In quel momento fu chiamato il bambino del numero 17.

— Avanti il 17. —

Una mammina giovane, robusta e bella si alzò da sedere col proprio bambino in braccio. Si vedeva nel suo volto, che nessuna trepidazione la tormentava e che era troppo sicura di ritornare a casa colla sua creaturina.

L'Igeo prese il bambino, che era già quasi svestito e lo mise nudo affatto sopra una specie di trespolo. Immediatamente un fascio di luce lo innondò, rendendolo trasparente, come se fosse di vetro e il medico, dopo averlo mutato di posizione, guardandolo con un cannocchiale, disse ad alta voce:

— *Numero 17 : Bambino sano, robusto, atto alla vita.* —

E poi si ritirò, mentre un altro medico, un *Psicoigeo*, lasciando il bambino sullo stesso trespolo, diresse una luce più penetrante sul suo cranio, guardandolo lungamente con un altro cannocchiale, che ingrandiva centinaia di volte le cellule cerebrali.

L'esame durò una buona mezz'ora, poi il medico disse:

— *Cervello normale, nessuna tendenza a delinquere.* —

I due verdetti dei due medici furono ripetuti per iscritto da un segretario, poi firmati dall'Igeo e dal Psicoigeo e consegnati alla madre, che lieta e orgogliosa se ne partì, ringraziando i dottori e gettando intorno a sè nel circolo affollato dalle mamme uno sguardo di trionfatrice e di donna felice.

Essa aveva dato al mondo un cittadino sano, robusto e incapace al delitto.

— *Numero 18!* —

E un nuovo bambino fu sottoposto allo stesso duplice esame del numero 17, riportando questi due verdetti:

— *Bambino sano, ma non robusto. Atto a vivere, ma bisognoso di un'alimentazione tonica e ricostituente.*

Cervello normale. Carattere timido e pauroso. Educazione virile e spartana. —

Il numero 19 era un bambino bellissimo e robusto, ed esso riportò questa doppia sentenza:

Bambino sano, robusto, atto alla vita.

Cervello normale; ma con una ipertrofia del centro genitale. Disposto alla lussuria. Dirigere l'educazione ad indebolire questa tendenza. —

Maria sperava che le visite avrebbero avuto tutte un analogo risultato, per cui non avrebbe assistito alla distruzione di nessuna creatura, ma ecco che il numero 20, un bambino gracilissimo e che per di più era nato di otto mesi, sottoposto all'esame dell'Igeo fece aggrottare le sopracciglia al medico, il quale con un campanello chiamò a sè altri due medici consulenti, che stavano in una camera vicina, pronti ad esser chiamati, e l'un dopo l'altro rifecero l'esame del povero bambino, crollando anch'essi il capo con aria compunta e dolorosa.

I tre medici si accordarono in questo giudizio:

Bambino gracilissimo, tubercoloso, inetto alla vita.

Quando la madre ebbe udito questa lugubre sentenza, si mise a singhiozzare, chiedendo ai medici:

— Non potrebbe una cura opportuna dare al mio bambino una buona salute?

— No, — risposero tre voci ad un tempo.

E allora l'Igeo, che per il primo aveva visitato il bambino, rivolto alla madre:

— E dunque? —

La madre raddoppiò i singhiozzi, e restituendo il figliuolo ai medici, con voce appena sensibile rispose:

— Sì. —

Quell'*E dunque* voleva dire:

Permettete dunque che il vostro bambino sia soppresso?

E infatti, un inserviente prese il bambino, aprì un usciuolo nero, posto nella parete della sala e ve lo mise, chiudendo la porticina. Fece scattare una molla, si udì un gemito accompagnato da un piccolo scoppio. Il bambino innondato da una vampa di aria calda a 2000 gradi era scomparso e di lui non rimaneva che un pizzico di ceneri.

La madre, appena aveva pronunziato il suo disperato *sì* era scomparsa dalla sala, e l'Igeo, triste in volto ma calmo, aveva chiamato:

— *Numero 21!* —

Maria piangeva e voleva ad ogni costo lasciare quella sala d'orrore, ma Paolo, che pur sapendo come si sopprimessero i bambini inabili alla vita, non aveva mai voluto assistere a quella crudele insieme e pietosa operazione, era affascinato da quella scena terribile, per cui disse:

— Maria, ancora uno, uno soltanto e poi ce n'andremo. —

Maria gli prese una mano e se la pose al cuore, ne più la lasciò, tenendola stretta stretta, come per attingere coraggio. Non sapeva mai dire di no al suo Paolo e rimase.

Il bambino numero 21 era più gracile ancora di quello che lo aveva preceduto, e per di più era livido e chiazzato di macchie rosse nel volto.

L'Igeo dopo un brevissimo esame, sentenziò:

— *Bambino con grave vizio di cuore, inabile alla vita.* —

La madre non piangeva, ma più pallida della morte, esclamò:

— No, dottor mio, non può essere, il parto fu lungo e difficile; è per questo che il mio bambino è livido. Guarirà, guarirà di certo. Non ho che lui. Non ne posso aver altri; mio marito è morto.

Il dottore era costernato, ma:

— No, no, cara donna, questo bambino potrà vivere qualche anno, ma sempre soffrendo e la sua morte sarà dolorosa, straziante. Non abbiamo modo di guarire i vizi di cuore congeniti.

E poi:

— *E dunque?* —

La mamma aveva ripreso il suo figliuolo, e se lo stringeva al seno, come se avesse voluto farlo guarire coi suoi baci ardenti, col suo amore caldissimo. Ma non rispondeva.

— E dunque? — riprese il medico. — Voi sapete, che la soppressione non può farsi senza il consenso della madre o senza quello del padre, in caso di morte della madre. Pensate che le vostra pietà sarebbe crudele, perchè consacrereste la vostra creatura a patimenti inauditi, feroci e che potrebbero durare molti anni. Il vostro bambino non ha la coscienza di esistere e la sua soppressione non è nè dolorosa nè lunga. Un minuto lo ridurrà in fumo e in un pizzico di cenere, che potrete conservare. Siete ancora giovane, potrete rimaritarvi ed avere altri figliuoli. Pensate bene a ciò che state per dire. —

Ma la mamma non rispondeva e da un mutismo di pietra era passata ad un pianto dirotto framezzato da crudeli singhiozzi.

Maria, che teneva sempre la mano di Paolo sul suo cuore, piangeva anch'essa e insisteva collo sguardo per partire.

— *E dunque, e dunque?* — ripetè per la terza volta l'Igeo con un leggero accento di impazienza.

Fu veduta allora la mamma alzare il capo come in atto di sfida e di disperazione in una volta sola, poi:

— *E dunque, e dunque? — Dunque no!!*

E come se fuggisse da un inseguitore, uscì dalla sala col suo bambino stretto fra le sue braccia.

L'Igeo guardò Paolo e Maria e poi:

— Povera donna! Povera donna! Quante volte essa si pentirà di quel *no*. Essa si crede una buona madre e invece non è che una madre crudele. La soppressione dei bambini consacrati ai patimenti e a una morte immatura è vera pietà.

*

Maria e Paolo profondamente commossi non vollero veder altro e lasciarono l'Igeia col bisogno urgente di essere all'aperto, di cercare il cielo azzurro e le piante verdi e ritemprarsi nell'ammirazione della natura, che però più crudele e più pietosa degli Igei, sopprime ogni giorno migliaia e migliaia di creature, solo perchè son nate male!

Capitolo Nono.

La città dei morti ad Andropoli. — Dissoluzione dei cadaveri. — Cremazione. — I siderofili e le imbalsamazioni. — Le sepolture. — Il Panteon.

Paolo e Maria nel loro soggiorno in Andropoli vollero fare una visita anche alla città dei morti.

È situata in una valle ridente distante tre chilometri da Andropoli e vi si giunge per un'ampia via tutta fiancheggiata da altissimi cipressi. Fra quelli alberi secolari si vedono aiuole di fiori, e le rose si arrampicano sui cipressi, facendo loro ghirlande fiorite.

Dove i cipressi finiscono si apre una vasta piazza, e nel mezzo si innalza un tempio, copiato dall'antico Partenone. Dinnanzi alla porta principale una statua colossale di marmo, un angelo colle ali spiegate, come se volesse spiccare il volo verso il Cielo. Ha in una mano una fiaccola, che arde di giorno e di notte, e l'altra mano è appoggiata sopra un'áncora di bronzo. Nel piedistallo che sorregge la statua è incisa questa parola: *Sperate*.

Entrati nel tempio si sentirono come compresi da un sacro terrore. Il silenzio più solenne regnava in quell'immensa sala poco illuminata da finestroni dai vetri azzurri, che facevano piovere sugli uomini e sulle cose una luce singolare; malinconica, ma non triste.

Era la casa dei morti.

Nell'anno 3000 è permesso ogni metodo di distruzione e di conservazione dei cadaveri umani, purchè non sia nocivo alla salute. Ognuno morendo esprime il desiderio di essere sepolto, cremato, disciolto, imbalsamato, e nel grande cimitero di Andropoli si possono vedere tutte le bizzarrie dell'umano ingegno a proposito dei morti.

Quando la morte sia improvvisa o il defunto non abbia espresso alcun desiderio sul modo con cui debba esser trattato il suo cadavere, provvedono per lui i più vicini parenti, e in mancanza di questi, lo Stato.

Il metodo più usato è la dissoluzione del cadavere nell'acido nitrico. Il corpo umano vien ridotto ad una soluzione di nitrati di piccolo volume e che è conservato dai parenti in speciali bocce di cristallo. Le bocce, abbandonate dai parenti morti anch'essi, sono conservate nella Necropoli.

Alcuni lasciano per testamento che la soluzione del loro corpo sia saturata colla creta, e ridotta così a concime sia sepolta al piede di qualche albero prediletto del loro orto o del loro giardino. Molti però preferiscono la cremazione, e i nostri viaggiatori visitarono il forno crematorio.

È semplicissimo. Il cadavere è messo nudo in una specie di urna di platino, che ha la forma del corpo umano. Quando l'urna è chiusa, alle due estremità, che corrispondono al capo e ai piedi del morto, si applicano due fili, e una corrente di altissimo calore arroventa l'urna in modo, che in soli cinque o sei minuti è ridotta in cenere. Raffreddata l'urna se ne raccolgono le ceneri, che si consegnano alla famiglia o si serbano nella casa dei morti secondo il desiderio espresso dal defunto nel proprio testamento.

Alcuni vogliono, che, secondo l'antico uso degli Indù, le loro ceneri siano gettate in un fiume o nel mare.

Altri invece esprimono il desiderio, che esse siano deposte nelle aiuole del giardino, dell'orto o del campo per fecondare la terra.

Per quelli che non hanno espresso altro desiderio che quello di essere cremati, senza dir altro; le ceneri vengono deposte in piccole urne di porcellana, e col nome del defunto e la data della morte si serbano nella necropoli.

Dal forno crematorio i nostri viaggiatori passarono al Laboratorio necroforo dei *Siderofili*.

Così si chiamano quegli uomini singolari, che adottando un'idea messa fuori da un chimico francese molti secoli prima, vogliono che dal loro cadavere si estragga tutto il ferro che contiene, e con esso si conii poi una medaglietta che porta inciso il loro nome coll'indicazione della patria e la data della morte. In questo modo i superstiti possono serbare un ricordo eterno dei loro cari estinti, portando appesa al collo o alla catena dell'orologio o altrove, il ferro che circolava nel loro sangue e faceva parte di tutti i loro tessuti.

Paolo e Maria poterono coi loro occhi assistere a tutte le complicate operazioni, colle quali si estrae da un corpo umano il ferro che contiene e se ne fabbrica poi una medaglietta. Il lavoro è difficile e dispendioso, e perciò questo metodo di distruzione dei cadaveri umani è adottato solo dalle persone molto ricche, ed è quindi aristocratico.

Uno dei chimici del singolare laboratorio spiegava ai visitatori i processi, coi quali un uomo è convertito in una medaglietta, non più grande di un antico centesimo, e li divertiva, narrando loro alcuni curiosi aneddoti.

Egli conosceva in Andropoli una signora molto vecchia, e che nella sua lunga vita tutta dedicata ad una larga galanteria aveva avuto molti amanti, dai quali esigeva sempre che fossero *siderofili*. Il caso volle, che molti di questi amanti morissero in giovane età, per cui essa possiede una ventina di medagliette, colle quali si è fatta fare un monile molto singolare. Ogni medaglietta è unita all'altra con un anello d'oro e un brillante, ed essa ha in quel gioiello raccolta tutta quanta la storia della sua vita. Mi dicono, che questa buona donna, come facevano gli antichi cristiani coi loro rosarii, passa delle ore intiere tenendo in mano il suo rosario d'amore, e passando da una medaglietta all'altra, e baciandole una dopo l'altra, ricorda i poveri morti che l'hanno amata.

Il nostro chimico narrò pure, come la siderofilia fiorisse specialmente nei secoli XXVII e XXVIII, epoca in cui si può dire, che fosse l'unico metodo di distruzione dei cadaveri usato dalle persone ricche. E noi abbiamo qui nel nostro tempio un vero Museo di medagliette, che furon trovate smarrite o che lo Stato raccolse per la scomparsa delle famiglie a cui appartenevano.

Oggi la siderofilia è usata assai poco, perchè nell'anno 2858 si scoperse, che un chimico di quel tempo, che si era dato alla specialità di cavare il ferro dai cadaveri umani per farne poi le medagliette necrofore, si faceva pagare profumatamente l'operazione chimica, ma per risparmiarsi il lungo travaglio, invece di ricavare il ferro dal corpo del morto, prendeva un chiodo, un pezzo di ferro qualunque, e con esso coniava la sua medaglietta. Quel furbo aveva davvero inventato un'industria molto lucrosa, dacchè convertiva un pezzetto di ferro del valore di forse un soldo, in una medaglia che gli era pagata fin cinquecento lire.

Egli arricchì immensamente, ma dopo di

lui, per molti anni il pubblico dei morti ebbe grandissima diffidenza, e le medagliette di ferro umano, cadute in ridicolo, ebbero il loro tramonto.

Non è che da alcuni anni, che una società di siderofili si è costituita in Andropoli, e qui hanno fondato un laboratorio, che presenta tutte le garanzie possibili, e dove per turno assistono alle nostre operazioni alcuni consiglieri di questa Società.

L'ingegnere siderofilo, prima di congedarsi dai suoi visitatori, mostrò loro un laboratorio speciale, dove si stavano facendo degli studi per assecondare il desiderio di un ricco milionario, il quale vorrebbe che dopo la sua morte non solo venisse estratto il ferro dal suo cadavere, ma ad uno ad uno si isolassero tutti gli elementi; e così l'ossigeno, l'idrogeno, il carbonio, l'azoto, lo solfo, il fosforo, ecc.

Questo signore, che è un inglese, ha messo a nostra disposizione pei nostri studi più di un milione, e da sè stesso ha disegnato un monumento tutto in pietra dura e che rassomiglia ad un'antica farmacia, e dove dovrebbero essere collocati tutti i corpi elementari, che hanno costituito il suo corpo.

Nessun'altra iscrizione dovrebbe leggersi in questo monumento fuori di questa:

Corpi elementari che formavano il corpo di N. N.

Salutato l'ingegnere, Paolo e Maria passarono nella Sezione degli Imbalsamatori, dove si preparano i cadaveri di coloro, che vogliono resistere al tempo anche dopo la morte, conservando integri i loro corpi.

La visita fu lunga e molto curiosa, dacchè gli imbalsamatori nel loro testamento non si accontentavano di dire, che volevano che il loro corpo fosse preservato dalla putrefazione; ma dicevano anche come volessero essere imbalsamati. E nell'anno 3000 i metodi di conservazione dei cadaveri sono molti e svariatissimi.

I corpi imbalsamati sono poi ritirati dalle famiglie o conservati nella necropoli a seconda del desiderio espresso dal defunto o dai suoi parenti.

I nostri viaggiatori, percorrendo il lungo Museo degli imbalsamati, poterono coi loro occhi vedere tutto quel popolo di morti superbi, che avevano voluto sopravvivere a sè stessi.

Alcuni pochi erano imbalsamati come gli antichi egiziani, tutti chiusi nelle loro bende incatramate e chiusi in sarcofaghi di legno intarsiato e dipinto.

Altri erano semplicemente disseccati in un forno, dopo essere stati imbevuti di sublimato corrosivo. Facevano ribrezzo, sembrando grandi stoccafissi.

Più in là chiusi in grandi vetrine si vedono cadaveri pietrificati, rigidi e duri come la pietra, che paiono statue modellate da un pessimo scultore.

Meno orribili sono altri imbalsamati col processo più perfetto, che si conosca nell'anno 3000. Sono vestiti dei loro abiti e serbano la loro fisonomia e il loro colorito; ma i loro occhi di vetro e immobili paiono guardar sempre fissi in un luogo. Si può ammirar l'arte, con cui sono stati preparati, ma fanno terrore e sembrano protestare contro chi ha voluto in uno strano connubio associare la vita alla morte.

Maria guardava tutte quelle mummie con un evidente ribrezzo e non potè far a meno che di dire al suo Paolo:

— Paolo mio, se muoio prima di te, io desidero che tu non mi faccia nè disciogliere nell'acido nitrico, nè cremare, nè molto meno imbalsamare. Fammi seppellire nella terra molle e odorosa, senza cassa alcuna, ond'io, anche morta, possa sentirmi circondata e abbracciata dalla nostra eterna madre, dal cui grembo siamo usciti. Io voglio disciogliermi in essa e nutrire col mio sangue e i miei visceri i fiori, che tu pianterai sulla mia fossa. Me lo prometti, non è vero, Paolo mio?

— Sì, te lo prometto, — rispose Paolo colla voce interrotta dal singhiozzo, — ma sarai tu quella che mi adagerai nella terra molle e odorosa, perchè io ho parecchi anni più di te e prima di te devo fare il lungo viaggio; il viaggio senza ritorno.

— Ma non parliamo di cose tristi.

— E come non parlarne, qui, dove non siamo circondati che da morti, che ci ridestano l'eterno pensiero del mondo al di là, di cui tutta la nostra civiltà non ha saputo svelarci il segreto? Ma andiamo all'ultima tappa del nostro triste pellegrinaggio. Andiamo a visitare il cimitero.

E i nostri viaggiatori rientrarono nel tempio, e avendolo attraversato, per una porticina si trovarono in un vasto giardino, tutto quanto popolato di arbusti sempre verdi e di fiori. Nel mezzo si innalza una colonna gigantesca di bronzo, che porta sulla cima una fiamma sempre ardente.

Nello zoccolo della colonna sta scritta anche là la bella parola: *Sperate*.

Dalla colonna partono come tanti raggi cento piccoli sentieri, che finiscono alla periferia del campo dei morti, e da ambo i lati del sentiero sono poste le tombe.

Ogni tomba è un piccolo giardino in miniatura e in mezzo ad esse si innalza un cippo di marmo nero, in cui non si legge che il nome del morto e la data della nascita e della morte. Null'altro.

— Vedi, Maria, qui non vi ha distinzione alcuna tra ricchi e poveri, tra genii e volgo. Chi può pagare il cippo, se lo fa da sè, e ai poveri provvede lo Stato. È assolutamente proibito di scrivere sulla tomba alcuna parola di elogio, nè di innalzare statue o mausolei sontuosi. Una volta, molti secoli or sono, le disuguaglianze e le vanità umane parlavano ad alta voce anche nei cimiteri, e chi li visitava, doveva credere che tutti quei morti erano stati in vita uomini di genio; eroi del cuore o del pensiero. E chi aveva dettate quelle epigrafi aveva spesso tormentato il povero morto, quando era in vita; lo aveva offeso, calunniato, fors'anche gli aveva affrettata la morte.

Maria disse allora a Paolo:

— Ho sempre trovato giusta questa eguaglianza di tutti gli uomini nel cimitero, ma mi pare che si dovrebbe fare un'eccezione per gli uomini di genio o per quelli, che colla carità o coll'eroismo hanno resi grandi servizi all'umanità.

— E tu hai ragione, ma questi uomini grandi hanno la loro apoteosi in un Panteon, che è un po' più in là di questa necropoli e che noi visiteremo. Qui giacciono i loro corpi, là troveremo raccolte le memorie delle loro opere.

— Permettimi, Paolo, un'altra osservazione. Mi è sempre parso, che nella nostra civiltà lo Stato prenda una parte eccessiva, invadente quasi. E perchè i superstiti non possono innalzare ai loro cari perduti una statua, un monumento, se vogliono, anche un mausoleo? Il nostro tempo si distingue soprattutto per il trionfo dell'individualismo e mi pare che qui, dove si dovrebbe lasciare all'affetto e al dolore tutti i loro santi diritti, lo Stato si intromette con troppa tirannia.

— Ma no, Maria mia, lo Stato non è

invasore. Qui dirige e comanda, perchè le necropoli sono monumenti pubblici, ma ognuno nella propria casa, nel proprio giardino, nel proprio paese è padrone di innalzare ad un caro morto, anche un tempio, se lo vuole. — Ma andiamo nel Panteon: là non troveremo più cadaveri, ma dei morti che son più vivi di quando erano di questo mondo.

Un viale tutto fiancheggiato di alberi giganteschi li condusse ad una vera città, dacchè ogni regione del globo vi ha i proprii templi innalzati alla memoria dei grandi uomini. E ogni tempio ha l'architettura caratteristica del paese, a cui quei genii appartenevano. Ne ha la China: ne hanno il Giappone, l'India, l'Australia, l'America, l'Africa e l'Europa.

In ogni tempio si innalzano infiniti monumenti di bellissimo stile, dove non sono deposte le ossa dei genii scomparsi, ma dove si trova come in compendio tutta la loro vita.

In tutti si trova o il busto o la statua, che

riproduce i lineamenti del grande estinto e poi, come in una chiesetta chiusa, si vedono alle pareti tutti i ritratti di lui nelle diverse età della vita.

Un albero genealogico della famiglia segna la sua discendenza e poi, se autore di libri, in una libreria son poste tutte le sue opere, colle diverse edizioni, e le sue biografie.

Spesso si vedono anche gli oggetti che gli sono stati più cari, il suo cane o il suo gatto imbalsamati, i fiori che prediligeva, il suo bastone, la poltrona in cui sedeva e tanti altri oggetti.

Se il morto era un artista, si vedono le riproduzioni in fotografia dei suoi quadri, delle sue statue, degli edifizi che aveva innalzati.

Se era un meccanico o un ingegnere si trovano nel monumento, che gli è stato innalzato, i disegni delle macchine inventate, delle strade, dei ponti che aveva costruiti.

In una parola ogni monumento è una

biografia parlante dell'uomo grande, a cui era stato innalzato.

— Tu vedi, Maria, che per aver soppressi i mausolei vanitosi nel cimitero, i grandi uomini non sono meno onorati da noi di quello che lo furono dai nostri antichi padri, i quali, lasciando ai superstiti la cura di ricordare i loro morti, misuravano col denaro e non col merito l'altezza della statua e il lusso dei marmi; per cui spesso un uomo volgarissimo aveva in quei cimiteri uno splendido mausoleo, mentre un genio non era ricordato che da una modestissima lapide.

Paolo, come facevano tutti i visitatori di quel Panteon, entrando nei diversi monumenti, si levava il cappello, facendo una genuflessione dinanzi all'effigie del grand'uomo.

— Questi sono i nostri santi, e che tengon luogo degli antichi, spesso fabbricati per industrie simoniache da preti furbi ed ignoranti o che non avevano avuto altro merito che quello di aver digiunato o di aver contraddette le più sacre leggi della natura; quelle che ci comandano di amare e di riaccendere nei nostri figli la fiaccola della vita.

Commossi, ma non rattristati, i nostri due compagni passeggiarono lungamente nel Panteon di Andropoli, richiamando alla memoria le grandi azioni e le grandi opere di quei grandi.

Maria, commossa profondamente dalla lunga passeggiata, fece un'ultima domanda al suo Paolo:

— Dimmi, Paolo, qui non trovo più l'uguaglianza, che ho veduta nel campo dei morti. Qui trovo monumenti piccini, mezzani, grandissimi, e chi è giudice e esecutore di queste grandi disuguaglianze?

— Gli uomini grandi, mia cara, son tutti degni di gloria; ma son molto disuguali fra di loro. Abbiamo i genii, che colla luce del loro pensiero innalzano un faro che illumina tutto il pianeta; che colle loro opere segnano un'era nuova nella storia dell'umanità. E ne abbiam altri, che col loro talento e il lavoro indefesso perfezionano le scoperte dei primi; nè è cosa giusta, che essi abbiano gloria eguale agli altri. È il concorso dei più, è il voto dei membri della grande Accademia di Andropoli, che decide quale sia il monumento, che deve essere innalzato alla memoria del grande scomparso. E il giudizio non è pronunziato che dopo una lunga e profonda discussione.

Capitolo Decimo.

I Teatri di Andropoli e il Panopticon. — Un programma degli spettacoli della capitale nel 26 aprile dell'anno 3000. — Una serata di gala al Panopticon.

La città di Andropoli contiene più di cinquanta grandi teatri, dove si danno spettacoli diversissimi per diletto degli occhi e delle orecchie; per diletto della fantasia e del cuore.

Sono quasi tutti proprietà di speculatori o di società industriali e ve n'ha anche di privati, che appartengono a ricchi signori, che li spesano per il loro divertimento e quello dei loro amici, e dove i dilettanti della musica o dell'arte drammatica si divertono, facendo da attori e da spettatori nello stesso tempo.

Il solo *Panopticon,* il più grande e il più ricco dei teatri di Andropoli, è proprietà dello Stato, il quale cerca negli spettacoli che vi si danno, di educare il popolo al bello e alle dolci emozioni; riunendovi tutti i più ingegnosi trovati della scienza e dell'arte.

Tutti quanti i teatri della grande capitale cosmica sono coperti soltanto nella stagione fredda, e allora la più perfetta ventilazione si accorda coll'opportuno riscaldamento.

In tutti vi sono posti più o meno comodi e di diverso prezzo, ma nell'alto dell'anfiteatro, dove anticamente era posto il lobbione, si vede un ampio spazio riservato ai poveri, che vi hanno entrata libera per turno o come premio di buone azioni, o in pagamento di servizii resi.

Nei teatri dell'anno 3000 ogni due posti si vedono due bottoni metallici, sui quali premendo col dito o col piede si può applaudire o disapprovare gli autori, senza rompersi le mani e senza fischiare.

Premendo sul bottone del plauso, esce una voce, che in lingua cosmica corrisponde ai nostri *Bravo*, e premendo sull'altro si ode un lungo sibilo, come chi invita un altro al silenzio.

Gli spettacoli sono diurni e notturni, ma assai più spesso si danno di giorno, perchè gli abitanti dell'anno 3000 hanno da lungo tempo trovato, che il vegliare molte ore della notte è assai nocivo alla salute e abbrevia la vita. Essi vanno tutti a letto molto per tempo e si alzano sempre col sole.

Da parecchi secoli si ignorava affatto il lavoro notturno nelle officine, e gli operai non lavoravano mai più che sei ore al giorno, essendosi perfezionate tutte quante le arti meccaniche e avendo le macchine sostituito in gran parte il lavoro manuale.

Gli spettacoli del secolo XXXI sono molto più variati di quelli conosciuti nell'evo antico, e basta a persuadervene il programma di un giorno, che trovo in un giornale di Andropoli:

SPETTACOLI
*che si daranno nei Teatri di Andropoli
il giorno 26 di aprile dell'anno 3000.*

PANOPTICON. — *Serata di gala coll'intervento del Pancrate. — Il ciclo del piacere cosmico da Omero all'anno 3000.*

PANGLOSSO [1]. — *L'Edipo di Sofocle* in greco antico. — *Una pochade del secolo XIX.* In lingua francese.

TEATRO DELLA COMMEDIA GAJA. — *Le gelosie d'un podestà e di due sindaci.* Commedia in quattro atti.

TEATRO DELLA TRAGEDIA CLASSICA. — *L'Amleto di Shakespeare,* tradotto dall'inglese in lingua cosmica.

TEATRO DELLA TRAGEDIA MODERNA. — *La*

---

[1] Il *Panglosso* è un teatro riserbato agli uomini molto colti e dove si danno rappresentazioni nelle lingue morte, dal greco all'italiano, dal latino e dal sanscrito all'inglese, al turco, al chinese.

povera Lisa. Tragedia in cinque atti del celebre scrittore inglese John Trembley.

Teatro della tarantella. — *La Capricciosa*. — Commediola tutta da ridere con canzonette e balli degli antichi spagnuoli e napoletani.

Teatro dell'armonia. — Grande opera seria del maestro andropolitano Soavi. — *L'ultimo Re Papa*.

Teatro della musica antica. — Un atto del *Barbiere di Siviglia*. — Un atto della *Norma* di Bellini. — Un atto del *Lohengrin* di Wagner.

Teatro della bellezza. — *Pantomima e quadri plastici*, nei quali figureranno cento fanciulle bellissime fra tutte le razze d'Asia, d'Europa e d'Africa.

Teatro delle meraviglie. — *Spettacolo variato* in cui si riproducono al vero tutti i cataclismi tellurici. — Questa sera avrà luogo la rappresentazione di un'eruzione vulcanica e d'un terremoto. Si sta preparando per la settimana prossima: *Un'inondazione nel Mississipì*.

TEATRO DELLA LUCE. *L'iride magica.* Spettacolo fantastico di giuochi di luce, che rappresenterà un'aurora boreale al polo nord e il sorger del sole nel mondo della luna.

TEATRO DELLA FANTASMAGORIA. — *Una scena d'amore nel pianeta di Marte.* Sogno di un poeta.

TEATRO DI TERSICORE. — *Cleopatra.* — *Ballo dell'antico Egitto*, nel quale agiranno 500 ballerine, delle quali 200 negre, e 300 bianche, tutte giovani e belle.

TEATRO ISTRUTTIVO. — *La storia della locomozione.* Si rappresentano in altrettanti quadri tutte le invenzioni dei mezzi di trasporto terrestre e aereo, dal carro a due ruote trascinato dai bovi alla locomotiva, al velocipede, al tram elettrico, all'aerostato. La musica, che accompagnerà tutto lo spettacolo, sarà del tempo corrispondente ad ogni invenzione.

TEATRO ZOOLOGICO. — *L'Arca di Noè.* Gli attori saranno tutti animali educati magistralmente dal celebre domatore parmigiano Faimali. Entreranno sulla scena belve scomparse da secoli dal nostro pianeta e gentilmente prestate dall'Accademia delle scienze.

TEATRO BOTANICO. — *La grande battaglia delle piante.* — Non si vedranno che fiori che parlano, piante che camminano e prati che bisbigliano. Lo spettacolo, nuovissimo per Andropoli, rappresenta la lotta delle monocotiledone del terreno carbonifero colle piante dell'evo moderno.

TEATRO DEGLI INSETTI. — *Le metamorfosi di un baco.* Uomini travestiti mirabilmente da insetti rappresenteranno la storia di un baco da seta, che fuggendo di nascosto da un bozzolo in forma di farfalla si reca in un'isola, dove invita tutti gli insetti a ribellarsi dal giogo e dalla crudeltà dell'uomo, fondando una Repubblica entomologica. — Lo spettacolo sarà chiuso da un ballo fantastico delle farfalle e delle libellule più belle del tropico.

Teatro marittimo. — *L'ultimo pesce cane.* Storia di una congiura dei pesci marini per uccidere l'ultimo pesce cane rifugiatosi in una grotta madreporica delle Isole Marchesi. Tutto lo spettacolo si dà sotto l'acqua e vi figurano le antiche balene e molti altri animali ormai scomparsi dalla terra.

Teatro dei buffoni [1]. — *Le miserie di un antico buffone.* Farsa tutta da ridere. Si raccomanda agli spettatori di adoperare con molta energia il freno moderatore, onde non uscire dal teatro col ventre scoppiato per il troppo ridere.

Teatro del pianto [2]. — *Le lagrime di una tradita nel secolo XIX.*

Teatro dei miracoli. — *Le metamorfosi di un sasso.* Spettacolo curiosissimo e istruttivo, nel quale si vedrà una pietra

---

[1] Il *Teatro dei buffoni* di Andropoli ha lo scopo di far ridere ad ogni costo, onde rallegrare gli ipocondriaci, gli annoiati e tutti i depressi.

[2] Il *Teatro del pianto* non dà che rappresentazioni melanconiche, ma non mai strazianti, per mettere una nota triste e pur desiderata nella vita dei troppo felici.

fondersi e trasformarsi in tutti i metalli conosciuti, per fondersi di nuovo, volatizzare, diventare invisibile, poi ritornare all'antica pietra.

TEATRO DEI PROFUMI. — *Le danze degli odori*. Si daranno sinfonie svariate dei profumi più delicati dei fiori con accompagnamento di musica e cori invisibili di voci femminili.

TEATRO DELL'AGILITÀ. — *L'acrobatica antica*. Spettacolo svariato, che riprodurrà gli esercizii più curiosi del trapezio, della corda tesa, e delle sbarre usati nell'antichità.

TEATRO ATLETICO. — *Le meraviglie del famoso atleta Ercole X*. Sfida di Ercole X a tutti i lottatori del mondo. Egli darà un premio di L. 10000 a chi riuscirà ad abbatterlo.

TEATRO SOTTERRANEO. — *Il centro della terra*. Scene di gnomi e di giganti che si contrastano il dominio sotterraneo. Scene geologiche e paleontologiche svariate.

TEATRO DELLA SATIRA. — *Le avventure di un antico commendatore.* Commedia tutta da ridere. Si raccomanda caldamente l'uso del freno moderatore.

TEATRO DI DECLAMAZIONE. — *Le vette del mondo ideale.* Tre celebri declamatori e tre celebri declamatrici, declamano tradotte in lingua cosmica le poesie più sublimi di Byron, di Shelley e di Victor Hugo e porteranno gli spettatori a godere le note più alte del mondo ideale.

TEATRO DELLA VOLUTTÀ. — *La sinfonia del piacere.* Gli spettatori godranno le armonie della musica, del profumo, del sapore artificiale e delle vibrazioni edoniche, mentre gli occhi si inebbrieranno di continuo collo svariato caleidoscopio di immagini, che passeranno con corrente interrotta sulla scena.

*

Paolo e Maria avevano già assistito a parecchie rappresentazioni nei teatri di Andropoli, ma la sera del 26 aprile vollero godere la serata di gala, a cui interverrebbe il Pancrate collo Stato maggiore dei suoi ministri, e di tutte le persone più ragguardevoli della città.

Era anche una bella maniera per conoscere il Presidente dell'Accademia delle scienze, il Presidente dell'Accademia di belle arti e molti grandi uomini, celebri in tutto il mondo.

Il cartellone del teatro annunzia:

Il ciclo del piacere cosmico da Omero fino all'anno 3000.

L'argomento promette molte e liete emozioni.

Il teatro è isolato in una gran piazza e vi si sale per una larga gradinata di marmo. L'architettura è greca e di stile severo.

Nel vestibolo, che fa capo alla scala, si aprono varii caffè, nei quali gli spettatori fra un atto e l'altro possono rinfrescarsi.

— Un'immensa folla si accalca sullo scalone e nel vestibolo. — Entrati nel teatro i nostri due viaggiatori rimasero per un momento estatici.

La sala è un anfiteatro a gradinate, senza palchi, e ogni posto è distinto dall'altro. Se nell'alto vedi una grande piccionaia in forma di galleria e dove si addensa già da un paio d'ore la folla degli spettatori poveri.

Paolo e Maria avevano preso due posti in prima fila onde esser più vicini al palco scenico.

Appena si furon seduti, Maria rimarcò che davanti ad essi era posto sopra una tavoletta una specie di berretto di una stoffa molto grossa di seta a cui facevan capo sei fili. Era per lei una cosa nuova e curiosa, non avendola veduta in nessun altro teatro, per cui domandò subito al compagno:

— E che affare è questo?

Paolo si mise a ridere e poi:

— Te lo spiego subito. Guarda gli altri spettatori. Appena hanno preso il loro posto, si levano il cappello e si mettono in testa il berretto, che si chiama l'*estesiometro*. Poi fissano il filo più grosso alla tavoletta, che sta loro dinanzi, tenendo gli altri fili nella mano.

È un apparecchio inventato da poco tempo da un celebre fisico inglese e che fino ad ora non fu applicato che in questo e in qualche altro grande teatro d'Europa.

Il filo, che fa capo alla tavoletta, comunica con un grande condensatore di forza elettronervea, che è una sola per tutti quanti gli spettatori; mentre gli altri cinque fili minori si applicano in varii punti del nostro corpo, a seconda del senso, di cui vogliamo accrescere o diminuire la sensibilità. —

Mentre Paolo parlava, aveva in mano i fili e andava spiegando alla compagna il meccanismo dell'apparecchio.

— Tu vedi, questo è il filo della sensibilità generale, e si può applicare in qualunque punto del nostro corpo. Di solito si tiene in mano e ciò basta perchè noi possiamo acuire o moderare tutte quante le nostre sensazioni. Il più e il meno di sensibilità si ottiene, premendo col piede l'uno o l'altro di questi pedali, che tu vedi qui sotto dinanzi al nostro sedile.

Quando uno spettatore vuole crescere l'intensità del piacere, che prova in qualunque delle scene del teatro, preme sul più, e la sua sensibilità cresce secondo la pressione.

Se invece sente troppo, preme sul meno e modera così l'intensità del piacere, il quale si trova a diversi gradi di tensione, secondo le nostre condizioni del momento e secondo il modo di sentire di ciascheduno.

Vedrai che alcuni degli spettatori non fanno uso di questo nuovo strumento, che è un vero regolatore della sensibilità, sia perchè lo trovano ancora troppo complicato, sia anche perchè si accontentano dello stato normale del loro sentire.

Quando tu applichi il filo più sottile sulla fronte o sull'orecchio o sul naso, agisce più direttamente sul senso della vista, dell'udito, o dell'olfatto; rendendo più delicate e più squisite le sensazioni che vi corrispondono.

Negli antichi teatri il piacere non era dato che dai due sensi della vista e dell'udito, ma oggi nei nostri spettacoli è entrata anche la nota del profumo e perciò anche i piaceri dell'olfatto possono essere moderati o resi più intensi coll'uso di questo *estesiometro*.

Maria crollava il capo, tra la meraviglia e l'ironia e poi:

— Tutto questo mi sembra troppo complicato, troppo artificioso. Mettiti tu il beretto magico: quanto a me voglio per questa sera accontentarmi dei miei sensi naturali, così come me li ha fatti Domeneddio. —

Intanto la sala, illuminata da una luce, di cui non si vedeva la sorgente, e che rischiarava uomini e cose come il sole, si andava riempiendo e una musica soavissima, di cui non si vedevano gli esecutori, spandeva all'intorno le sue divine armonie.

A un tratto la musica cessò, si apersero le cortine che separavano gli spettatori dal palco scenico e apparve all'occhio di tutti la prima scena:

È una famiglia preistorica, che fa il suo pasto in una grotta trogloditica.

Uomini e donne nudi, irsuti. — Ascie di pietre immanicate e appese alle pareti della grotta. Nel mezzo un focolare acceso, su cui cuoce la metà di una renna enorme e che è già pronta per esser mangiata.

Il padre di famiglia distribuisce alle tre mogli e ai fanciulli, che gli fanno corona, coltelli di pietra di varia grandezza, secondo l'età di chi deve maneggiarli.

E tutti guardano con occhi avidi l'arrosto saporito e fumante, aspettando che il padre spenga il fuoco e dia l'ordine dell'assalto.

La scena preistorica non poteva essere più fedelmente rappresentata e l'evidenza storica era ancora più eloquente, perchè alla sensazione della vista si associavano quelle dell'udito e dell'olfatto.

Mentre quei trogloditi facevano a pezzi l'arrosto preistorico, spezzando le ossa lunghe con martelli di pietra e succhiandone avidamente il midollo, si udiva una musica invisibile, rozza, barbarica, tumultuosa e in tutta la vasta sala del teatro si sentiva un odore selvaggio di carni arrostite.

Fuori della grotta pareva di sentire da lungi muggiti di fiere, mentre il cielo oscuro lampeggiava come per una procella vicina.

— Tutto era unissono e concorde per trasportare gli spettatori nel mondo di centinaia di secoli or sono e a tutti sembrava di rivivere in quella gioia animalesca di una famiglia neolitica, che saziava la sua fame omerica con un pasto selvaggio, ma saporito.

— Vedi, Maria, — disse Paolo, — io mi servo subito del mio estesiometro, perchè questa scena mi piace assai; ma non così egualmente trovo troppo gradevole questo profumo di carne arrostita. Io metto il filo dell'estesiometro sul naso, premo il piede sul pedale moderatore ed io non sento quasi più l'odore di bruciaticcio. Anzi l'odore è diventato quasi un profumo di bistecca, che mi solletica piacevolmente il palato e mi risveglia l'appetito. —

Maria allora, incuriosita della cosa, volle mettersi anch'essa il magico berretto e se ne trovò soddisfattissima.

Finita la prima scena si richiusero le cortine e si riaprirono poco dopo, per mostrarne una seconda.

Era una scena di guerra omerica nei tempi dell'antica Grecia, e chi ha letto l'Iliade o l'Odissea può figurarsela facilmente.

Mentre la prima scena rappresentava la gioia animalesca del mangiare, questa mostrava al vivo le terribili voluttà della lotta, e i cavalli che portavano i guerrieri alla battaglia nitrivano e gli eroi dagli elmi piumati alzavano al cielo grida formidabili, e lancie e giavellotti cozzavano orrendamente tra di loro; e l'urlo selvaggio della vittoria riempiva l'aria di orrore; mentre i carri passavano sui caduti e i loro gemiti si udivano nel fragore e nel tumulto della pugna.

Finita la battaglia, appariva lassù nell'alto cielo Venere bella, spargendo fiori sui vincitori.

Anche in questa seconda scena la musica armonizzava coll'orrore della battaglia e coi dolori della morte, e un odore di sangue e di ferri cozzanti circolava per l'aria ad acuire le tinte della omerica scena.

Non starò a dire tutte le scene, che si successero l'una dietro l'altra in quella sera, rappresentando a grandi salti le gioie dell'umanità attraverso le evoluzioni progressive della civiltà.

Si ebbe una scena di lotta di gladiatori e di fiere nel Colosseo di Roma e anche là la musica era romanamente terribile e grande e l'odore sparso per la sala del teatro era di pelli sudanti e di belve ircine.

Si ebbe una scena di una Corte d'amore in un Castello di Provenza, con dame bellissime e pennuti cavalieri.

Si ebbe una festa carnevalesca del popolo nel tempo dei Medici.

Si vide un ballo delle Tuileries al tempo di Napoleone III di Francia.

Ed altre ed altre scene tutte gaie e festose dei tempi successivi.

Non mancarono durante lo spettacolo gli applausi e una sola volta una scena fu zittita, quella cioè in cui si rappresentava una cena pantagruelica in un convento di francescani.

Il ricordo dei tempi frateschi era per sè stesso poco simpatico e la scena era con troppa fedeltà rappresentata al vivo nella brutale disarmonia estetica delle sue note.

Mentre alcuni frati eruttavano rumorosamente dai ventri troppo obesi, un altro frate leggeva ad alta voce un libro di preghiere, sogghignando sotto i baffi e maciullando di nascosto un'ala di cappone, che gli aveva passato un collega.

Questa scena, benchè fosse rappresentazione di gioie storiche, parve sguaiata e perciò fu zittita.

Fra un atto e l'altro dello spettacolo Maria e Paolo poterono passeggiare nei corridoi e nelle ampie sale di conversazione, di cui era fornito il teatro e che erano altrettanti giardini ornati di vaghe piante in fiore.

Anche negli intervalli la musica non cessava mai di spandere all'intorno le sue armonie deliziose.

Nello stesso tempo correnti invisibili di profumi svariati e delicatissimi accompagnavano la musica dell'orecchio con un'altra musica di odori, che si alternavano e si confondevano; facendo dei veri concerti armonici e melodici, che deliziavano gli spettatori di una voluttà olfattoria affatto sconosciuta agli uomini dell'evo antico.

Capitolo Undecimo.

Il museo di Andropoli. — La Galleria e i peripatetici. — La sezione delle scienze naturali. — Gli uomini possibili. — L'analisi e la sintesi messe vicine. — Parte del Museo riservata al lavoro umano. — I circoli concentrici e i raggi centrifughi. — La macchia sulla carta topografica della storia dell'arte.

Paolo e Maria vollero vedere anche il Museo d'Andropoli, che è alquanto discosto dalla capitale, e si vede da lontano; posto com'è sopra l'altipiano d'una vasta collina.

È un immenso edifizio circolare e intorno ad esso gira un portico a colonne, dove nei giorni di pioggia passeggiano spesso e volontieri i cittadini di Andropoli.

Quella passeggiata è la prediletta degli uomini di studio, che sono sicuri di trovarvi sempre qualche letterato o qualche scienziato, che vi passa qualche ora, riposandosi delle fatiche del pensiero e godendo nello stesso tempo lo splendido panorama della città posta in basso; e dei giardini sparsi qua e là, fra quartieri e quartieri dell'immensa metropoli planetaria.

È quello un luogo poco frequentato dalle signore galanti e dai ricchi oziosi e non vi si odon che dispute scientifiche e letterarie: tanto che in Andropoli, con un'ironia che pare un elogio, si dice di un uomo saccente o di un saputello: *tu sei un peripatico o un uomo della galleria del Museo*.

La satira però non attacca quella galleria, dove gli uomini più colti della città si istruiscono a vicenda, disputando e conversando in amichevoli parlari.

E la galleria è anche bella, ornata di piante peregrine sempre in fiore, che fanno risaltar meglio le candide statue, che si innalzano fra esse e che sono erette ai più grandi uomini di ogni tempo e che si sono resi illustri nelle scienze, nelle lettere e nelle arti.

Quella mirabile corsìa ha fatto nascere l'idea di fondare un giornale ebdomadario, *La Galleria del Museo*, che pubblica, sotto forma di conversazioni, le controversie letterarie e scientifiche del giorno e che si fanno veramente in quel luogo o si immaginano avvenute.

Chi ha poco tempo o poco denaro per leggere molti giornali, anche colla sola lettura della *Galleria del Museo*, può dire di seguire il movimento del pensiero in tutto il mondo, tenendosi al corrente di tutte le nuove scoperte, di tutte le nuove invenzioni.

Dalla galleria si entra per varie porte nel vero Museo, che riunisce in un solo centro tutti i prodotti della natura e dell'uomo.

Il Museo di storia naturale è circolare anch'esso e gira intorno all'interno della galleria, e chi faceva tutto il giro poteva ben dire di aver fatto un viaggio intorno al mondo.

Infatti, partendo da un capo si incomincia a percorrere il mondo dei minerali e delle roccie, tutti quanti rappresentati da grossi e splendidi esemplari, che portano il nome del minerale e la sua provenienza.

In quel Museo l'analisi si alterna sempre colla sintesi; per cui nel dipartimento consacrato ai minerali, dopo averli veduti raccolti insieme secondo la loro natura, si vedono poi riuniti invece secondo il paese che li ha prodotti.

Così ad esempio, dove è rappresentata l'Italia minerale e geologica, vedete un campione di tutti i suoi minerali e poi spaccati bellissimi delle Alpi, dell'Apennino e delle roccie stratificate delle catene minori.

Dai minerali si passa al Regno delle piante e anche qui analisi e sintesi si danno la mano.

I funghi, le alghe, i licheni, gli organismi più semplici del mondo vegetale aprono la schiera e gli esseri microscopici sono riprodotti in grandi proporzioni, onde a primo colpo d'occhio se ne possa vedere la struttura.

Questo per il volgo della gente colta;

chè per gli studiosi di botanica, ogni creaturina è conservata in liquido antisettico, per poterla studiar col microscopio.

Le erbe, le piante, gli alberi più colossali sono riprodotti al vero coi loro fiori, coi loro frutti e queste copie formate di materie molto diverse e incorruttibili danno la perfetta illusione del vero. In apposito scaffale poi si conservano le piante vere, disseccate o secondo i casi conservate in liquidi antisettici per poter servire alle ricerche degli studiosi.

Ogni pianta è esposta nella storia della sua evoluzione. Si vede cioè la pianta fossile, che era o si supponeva l'avo lontano delle specie viventi e poi l'una accanto all'altra le forme, che hanno con esse vincolo di parentela e di discendenza; come chi vedesse l'albero genealogico di una famiglia umana. Già da molti secoli la paleontologia non è più una scienza a sè e disgiunta dalle sue sorelle e figliuole. Il botanico, che studia una famiglia di piante, deve necessariamente conoscere la sua progenitura e così le specie fossili, da cui esse derivano. E ciò fa il zoologo per gli animali, e in tutti i musei accanto agli animali tuttora viventi si vedono sempre i loro antenati fossili, e così con un solo sguardo si può ammirare la meravigliosa evoluzione delle forme attraverso una continuità non mai interrotta di progresso.

Paolo e Maria, percorrendo la Sezione del Museo dedicato alle piante, si fermarono a lungo dinanzi ai quadri sintetici, riproducenti la flora di una data regione.

In quei quadri le piante non sono più distribuite secondo la loro parentela morfologica, ma bensì secondo la loro patria. Cercarono subito dell'Italia e la videro rappresentata mirabilmente da una flora alpina, da una flora marittima, e da altre flore minori; quali la palustre, l'insulare e parecchie altre.

Dove è rappresentata la flora alpina, non già in pittura, ma colle piante vere mirabilmente imbalsamate, tu vedi un alberetto d'abeto messo più in su di un faggio, che alla sua volta vede ai suoi piedi un castagno.

E l'abeto ha i suoi licheni, le sue borracine e intorno a sè le felci, i funghi, le sassifraghe e tutta la minuta e mirabile microflora delle più alte regioni.

I nostri viaggiatori si fermarono lungamente davanti ad uno dei quadri rappresentante la feconda e magica flora di una foresta tropicale e dove i rami degli alberi maggiori si intralciano colle liane, colle felci arboree; portando sulle loro spalle le più vaghe orchidee, e le altre cento piante parassite, che sovrappongono la vita alla vita, i colori ai colori, formando mazzi, che nessun giardiniere riuscirà mai a riprodurre nelle sue aiuole e nelle sue serre.

Da per tutto, dove in quel museo è riprodotta al vero la flora d'una data regione, è posta in uno stereoscopio la fotografia di scene prese dal vero e che riproducono il prato, la foresta, la palude; per cui fra la rappresentazione plastica e la riproduzione pittorica ognuno può con tutta evidenza ammirare la vita vegetale di un dato paese.

Anche le scene vegetali dell'antico mondo geologico sono riprodotte nel Museo, sia colla plastica, sia con disegni e il visitatore, così come prima poteva fare un facile viaggio nello spazio, qui lo fa nel tempo; condensando in pochi istanti le emozioni del viaggiatore e dello storico.

*

Dalle piante si passa nel Regno degli animali e anche qui essi sono prima distribuiti per famiglie, generi e specie e varietà, e poi raggruppati insieme nella fauna di tutte le regioni del globo.

Ogni animale ha accanto a sè i suoi antenati geologici. Non tutti però, dacchè la palentologia antica non ha saputo trovare ancora gli avi preistorici di ogni specie, nè la corteccia del nostro pianeta è stata tutta dissodata e messa a nudo.

Ogni animale, oltre la sua storia attraverso i secoli, ha rappresentata anche l'evoluzione attraverso i periodi della propria vita.

E così tu vedi per esempio l'uovo dell'aquila e il suo nido e poi l'aquilotto neonato, il giovane, l'adulto e il decrepito. E ogni specie presenta le sue varietà dovute al sesso, ai clima e anche le sue forme patologiche.

Un'altra cosa si vede e che negli antichi Musei del secolo XIX non si era neppur sognato di fare.

Ogni animale ha cioè accanto a sè i propri parassiti, che sono riprodotti colla plastica con un forte ingrandimento. E così tu accanto al gallo vedi i suoi acari, i suoi vermi intestinali e tutti i microbi, che vivon sulla sua pelle e nei suoi visceri.

Anche per gli animali ogni regione del nostro pianeta ha rappresentata la propria fauna, dalle forme più alte alle più basse. E dove ti si presenta la ricca fauna dell'India tu vedi strisciare ai piedi del tigre, della pantera e del cuon il velenosissimo cobra; mentre i piccoli papagalli e gli avvoltoi sospesi ad arco rappresentano con altri infiniti uccelli la fauna ornitologica di quella terra feconda.

Gli animali come le piante si seguono secondo la loro gerarchia morfologica, per cui dai vermi, dai molluschi tu passi agli insetti, dagli invertebrati passi ai vertebrati secondo la loro scala ascendente, finchè tu trovi dinanzi ai tuoi occhi il re planetario; l'uomo in tutte le sue forme preistoriche, protostoriche e moderne, trovandoti in un vero Museo d'antropologia.

Nell'anno 3000 si è già scoperto da parecchi secoli l'uomo terziario e l'antropomorfo, che per neogenesi lo aveva generato.

E subito dopo di lui ti vedi davanti agli occhi l'Adamo selvaggio e irsuto dell'epoca quaternaria, l'uomo delle caverne, l'uomo neolitico e infine tutta la lunga schiera di razze più moderne e che sono però già scomparse dalla superficie della terra; quali gli Australiani, i Maori, gli Ottentotti, i Boschimani, molti Negri, i Guarani e tante e tante altre razze, di cui per alcune però rimangon le traccie nei contemporanei del secolo XXXI.

Così nell'Africa non c'è più un solo negro puro, ma molte razze di mulatti ricordano l'antica origine. E in Malesia non più Malesi puri, ma parecchie razze malesoidi, nelle quali è entrata una ricca onda di sangue ariano. Anche la China non ha più dei veri e propri Mongoli, ma una razza nuova ibrida di Ariani, di Semiti, di Malesi e di Mongoli.

Le rapide e facili comunicazioni fra paese e paese e le profonde modificazioni dei climi avvenute per opera dell'uomo tendono ad ogni generazione a fondere indefinitamente le razze, creando un nuovo tipo, indefinitamente cosmopolita, frutto dell'incrociamento intimo e profondo di tante e tante razze, che per lunghi secoli eran rimaste isolate e disgiunte, facendosi paura reciproca e continua e distruggendosi a vicenda col ferro, col fuoco e più ancora col trasporto di terribili malattie infettive, che poi colla cresciuta civiltà sono quasi del tutto scomparse dalla superficie della terra.

Di molte razze preistoriche il Museo non conserva che pochi cranii e poche ossa, ma coll'induzione scientifica si sono indovinate le forme esteriori, mirabilmente riprodotte colla plastica in modo da far apparire come viventi uomini spenti da centinaia di secoli.

Quanto agli Australiani, agli Ottentotti e a tante altre razze moderne, ma pur scomparse, sono rappresentate da individui giovani, adulti e di ambo i sessi stupendamente imbalsamati. E accanto a questi e a quelli tu vedi le loro armi di pietra, le loro rozze stoviglie; tutti i poveri prodotti del loro cervello infantile.

La parte più curiosa però della sezione antropologica del grande museo zoologico di Andropoli è quella destinata a rappresentare gli *uomini possibili* dei pianeti.

Nell'anno 3000 fisici e astronomi sono tutti intenti a perfezionare il telescopio e si spera da un giorno all'altro di poter vedere gli abitanti di Venere, di Marte, di Mercurio e degli altri pianeti più vicini alla terra.

Ma già da alcuni secoli gli istrumenti astronomici si erano talmente perfezionati da far scorgere i mari, i monti, i fiumi e le foreste di quei mondi lontani, e su questi dati alcuni naturalisti, più ricchi di fantasia che di scienza, avevano immaginato quali potessero essere gli abitanti planetarii e li avevano fabbricati colla matita e colla plastica.

Queste ardite rappresentazioni si vedono tutte nel Museo col nome del naturalista, che le aveva sognate, e sono davvero curiose ed interessantissime.

Maria davanti a quegli esseri immaginarii era tutt'occhi, mentre Paolo, che anch'egli li vedeva per la prima volta, sorrideva e a quando a quando non poteva a meno di dare in uno scoppio di risa.

— O Maria mia, come son buffi questi angeli planetarii, come sono grotteschi, sopratutto come sono impossibili! Mi par che i naturalisti, che li hanno scoperti, dovevano conoscere ben poco l'anatomia comparata e ancor meno la biologia. Noi non possiamo immaginare che forme antropomorfe e così come gli antichi fondatori di teogonie non hanno saputo fabbricare i loro Dei che rivestendoli colla pelle umana, così questi bizzarri creatori di *superuomini* non hanno potuto uscire dal mondo umano e dal mondo animale.

— Guarda qui, questo abitante di Venere! Quanto è buffo! Gli hanno appiccicato due ali e questo è il sogno più antico, che ha creato gli angeli delle teogonie cristiane, delle maomettane e di tante altre religioni. L'uomo ha sempre desiderato di poter volare e attaccandosi due grandi ali di oca, di cigno o di aquila, ha fabbricato i suoi angeli. Ma questo abitante di Venere ha per di più anche un terzo occhio all'occipite, per poter vedere all'indietro, senza bisogno di voltarsi. L'unica cosa veramente geniale e che vedo qui rappresentata in questo superuomo è la separazione netta degli organi urinarii da quelli destinati alla riproduzione; fusione, che ha sempre fatto arrossire gli uomini di tutti i tempi e che parve a tutti una grande errore della natura, destinato a scomparire nel progresso morfologico degli animali superiori.

Maria arrossì senza rispondere e si mosse subito per guardare gli abitanti di Marte, di Mercurio e di Giove.

La più scapigliata fantasia aveva creato esseri mostruosi, strani, impossibili, che solo la penna dell'antico Doré avrebbe potuto rappresentare.

In tutti quei mostri però non si poteva trovare un solo organo, che già non esistesse nell'uomo o in altri animali, per cui la nuova creatura planetaria non era che un mosaico di membra diverse, prese ora agli uccelli, ora ai pesci, o agli insetti o ai molluschi.

Tu vedi un superuomo coperto di penne policrome, e che poteva quindi risparmiare il vestito.

Ne vedi un altro munito di un apparecchio elettrico, che può sprigionare correnti così formidabili da uccidere qualunque verme o animale egli volesse offendere.

In altri superuomini planetarii sono collocati or qua or là organi speciali per la sensibilità elettrica e la magnetica; ma se il fantasioso naturalista aveva saputo indovinare la funzione, non aveva però potuto crear l'organo e al suo posto si leggeva null'altro che *organo dell'elettricità* o organo *magnetico*.

Lasciando il Museo dei mostri planetarii creati dalla bizzarra fantasia di alcuni naturalisti dell'anno 3000, Paolo, ridendo per l'ultima volta, e più forte ebbe a dire:

— Oh quanti palmi di naso metteranno fuori questi sognatori, quando il telescopio ci avrà mostrati i veri abitatori degli altri pianeti!

E si diressero alla parte centrale del Museo, destinata non più ai prodotti della natura, ma a quelli dell'uomo.

*

Si leggono infatti sulle molte porte che danno adito a quella regione dappertutto le stesse parole:

Il lavoro umano.

La disposizione di questo dipartimento è davvero molto ingegnosa ed è fatta in modo da poter studiare ora una sola industria o forma di lavoro attraverso i tempi e i luoghi; ora invece tutta quanta l'industria di un solo popolo.

Chi percorre le sale, che si aprono l'una nell'altra circolarmente, studia una sola industria; chi invece le percorre dalla periferia al centro può ammirare tutte quante le forme di lavoro d'uno stesso popolo.

La passeggiata circolare è lo studio di una sola industria attraverso il tempo quella centrifuga è invece l'esame psichico di tutto un popolo.

In quella prima visita al Museo d'Andropoli i nostri viaggiatori non fecero che una rapida corsa, per averne un'idea generale, per ammirare i contorni, il profilo, direi, di quel gigantesco tesoro, che riunisce il frutto di tutti i travagli umani attraverso il tempo e lo spazio; e vi assicuro che quando se ne ritornarono a casa, erano stanchi non solo nelle gambe, ma più ancora nell'attenzione sostenuta troppo a lungo e nel travaglio di tante sorprese e di tante emozioni.

In quel primo giorno, dopo un giro fatto attraverso tutte le industrie, fra i tanti raggi, che spiccano da quel circolo atetico del lavoro umano, non entrarono che nella corsia destinata all'Italia e dove non ebbero luogo di arrossire, perchè anche nell'anno 3000 questa terra, distesa mollemente fra due mari azzurri, quasi posta fra l'Occidente e l'Oriente, ha sempre conservato il primo posto nelle arti del bello e erede della grande civiltà greca ha avuto molte fioriture, che si sono succedute le une alle altre, come altrettante primavere.

E siccome nella prima sala, che apre la porta a tutte le cento successive, si vede rappresentato mirabilmente sopra una grande carta murale la linea, ora ascendente ora discendente delle principali forme del lavoro umano, Maria si fermò sopra una macchia nera, che sta disegnata sull'ultimo periodo del secolo XIX.

— E che cos'è, Paolo mio, quella macchia?

— È una vergogna dell'antica arte italiana, ma che fortunatamente durò pochissimo. Sulla fine del secolo XIX vi fu un periodo di grande decadenza, specialmente nell'architettura e nella pittura. E allora gli artisti mediocri, che avevano troppa superbia per copiare l'antico, non sapendo creare nessuna nuova forma di bello, caddero nel grottesco e immemori di essere i figli di Raffaello, di Michelangelo, del

Brunellesco, del Correggio e di tutta quanta una pleiade di ingegni divini, fecero del brutto e dello strano un nuovo Dio, o per dir meglio un nuovo mostro dell'estetica, fondando la scuola degli *impressionisti,* del *pointillé,* dei *decadenti,* e tante altre mostruosità, che ora ci fanno ridere.

E figurati che in quel periodo morboso dell'arte, anche i letterati si ammalarono dello stesso male e scrissero in un gergo così barocco, così goffo e mostruoso, da far perdere ogni senso di estetica al popolo più estetico, che dopo il greco, ha abitato il nostro pianeta. Fu una vera epidemia di prerafaellismo, di superumano, che travolse anche ingegni altissimi e potenti, come fu quello d'un abruzzese, certo Gabriele d'Annunzio, che se fosse vissuto in altri tempi, avrebbe potuto e saputo essere uno dei più grandi maestri dell'arte.

E invece non fu che un grande nevrastenico della letteratura italiana.

Capitolo Dodicesimo.

La città di Dio in Andropoli. — Il tempio della Speranza. — La chiesa degli Evangelisti. — Il tempio del Dio Ignoto.

Nell'anno 3000 già da varii secoli non esisteva alcuna religione di Stato, in Roma non vi era alcun papa e i templi buddisti e le moschee eran tutti crollati, non avendo più nè sacerdoti, nè credenti.

La parte più colta in ogni paese non professa alcun culto, ma la grande maggioranza degli uomini e quasi tutte le donne credono nell'immortalità dell'anima e in Dio.

Il bisogno dell'ideale, invece di scomparire dalla faccia della terra, è andato crescendo sempre più, affinandosi ed elevandosi ad ogni passo della civiltà, che rende meno penosa la lotta per l'esistenza, lasciando molto tempo per le soddisfazioni dei bisogni più alti.

Ognuno è libero di credere o di non credere in Dio o nella vita eterna, ma tutti coloro, che hanno una fede comune sentono il bisogno di stringersi insieme, di affiatarsi, di innalzare un tempio e di inventare un culto, che li riunisca sotto le vòlte di una stessa chiesa per pregare, per sperare, per adorare.

In Andropoli, a pochi chilometri dalla città capitale, tutta una valle ampia e verdeggiante di foreste è destinata alle religioni dominanti e perciò quella valle è detta la *Città di Dio*.

Il tempio più bello, più vasto e che conta il maggior numero di fedeli è quello della Speranza innalzato dai credenti di tutto il mondo ad un Dio immaginario, cioè ad un simbolo, che chiude in sè tutte le paure della morte e tutte le aspirazioni ad un'altra vita eterna e migliore della nostra.

I nostri viaggiatori, visitando la Città di Dio, entrarono in questa chiesa, tanto più perchè il culto della Speranza era la religione di Maria. Quanto a Paolo, non aveva mai sentito il bisogno di un culto qualunque, e quando la sua compagna voleva convertirlo alla sua fede, si schermiva sempre con uno scherzo o con un sorriso, che non diceva nulla.

Il Tempio della Speranza è immenso nelle proporzioni, magnifico di marmi, di ori e di bronzi e la sua architettura rammenta il gotico antico, ma è meno complicata e farraginosa.

Sul pronao del tempio sta scritta la stessa parola, che Paolo e Maria avevano letto nel grande cimitero di Andropoli: *Sperate;* e questa parola si vede riprodotta le cento e le mille volte, dipinta, incisa; scolpita da per tutto.

Nel centro della chiesa si innalza una statua d'oro massiccio, cogli occhi di diamanti e che rappresenta la Speranza. È una riproduzione molto più ricca e più gigantesca di quella già veduta dai nostri viaggiatori nella Città dei morti.

Sul piedestallo della statua si leggono queste parole, che sono la preghiera quotidiana di tutti i credenti nella religione della speranza:

O uomo superbo, come e perchè oseresti negare la vita oltre la tomba?

O uomo ignorante, come oseresti affermare una seconda vita?

Sospeso sempre fra due abissi di ignoranza e di superbia, raccogli il tuo pensiero e il tuo sentimento nella religione della speranza.

Credere ciò che credevano i tuoi antichi padri è stoltezza.

Negare Dio e la seconda vita è orgoglio.

L'uomo saggio non deve nè credere, nè negare. Egli deve sperare.

Intorno a quella statua sono distesi molti tappeti e i fedeli si vedono accasciati o in ginocchio. Chi prega colle mani giunte, chi sembra in atto di meditare e chi legge un libro di preghiere.

Si vedono pure altri deporre ai piedi della Dea corone di fiori, mentre altri in certi incensorii bruciano aromi delicati, che spandono per l'aria le loro nuvolette azzurre, che sembrano ravvolgere la statua come in una nuvola profumata.

I grandi finestroni del tempio sono tutti di vetro d'un azzurro cupo, per cui piove nella chiesa una luce fantastica e solenne.

In quell'ora poi la musica sotterranea di un organo gigantesco diffondeva per l'aria le sue note melanconiche. Tutto sembrava disposto in quel luogo per risvegliare nei fedeli immagini di un avvenire infinito e misterioso e l'eloquenza ieratica di quell'ambiente era così potente, che anche Paolo sentì il bisogno di inginocchiarsi accanto a Maria, nascondendo il volto nelle mani congiunte e lasciandosi trasportare lontano lontano da un'emozione indefinita.

Maria pregava già da alcuni minuti e quando, alzando gli occhi, vide accanto a sè prostrato in atto di preghiera il suo Paolo, non potè a meno di sorridere e di dirgli:

— O incredulo, che fai? Preghi anche tu la nostra Dea?

— No, non prego, Maria mia adorata,

ma penso, che tutta la scienza di questo mondo non potrà sopprimere mai il bisogno umano di guardare al di là della fossa, sperando o credendo.

Si alzarono, facendo un giro per la chiesa e fermandosi agli altari, che con diversa architettura sono innalzati tutto all'ingiro del tempio.

Sono, direi quasi, altrettante chiesuole rizzate a diverse forme dell'ideale, come gli altari minori, che si vedevano nelle antiche chiese cristiane intorno all'altar maggiore. In ogni religione gli Dei maggiori ebbero sempre come i Re, uno Stato maggiore di Dei minori o di Santi, per far loro corona.

E anche nel Tempio della Speranza, intorno alla gran Dea si vedono gli altari minori, consagrati al Bello, al Buono, al Vero, al Sagrifizio, alla Salute, alla Forza, alla Grazia, alla Cortesia, e a quasi tutte le umani virtù.

E ogni altare ha i proprii devoti, che lo preferiscono ad ogni altro e gli portano fiori e profumi, le due forme più antiche d'ogni culto, dopo che fu soppresso quello del sangue e delle vittime cruente.

Il culto di questa nuova Dea della Speranza è semplicissimo, dacchè non ha altri sacerdoti che alcuni predicatori, i quali ogni giorno dall'alto di un pulpito posto nel tempio tengono orazioni di morale o di estetica; ma sopratutto di conforto pei dolori morali, che pur troppo anche nel secolo XXXI amareggiano l'esistenza degli uomini.

Si fanno varie prediche nelle diverse ore della giornata ed anche di sera, ed ogni mattina in un albo posto sulla porta del tempio, si legge il programma delle prediche del giorno, coll'ora e il nome dell'oratore.

Nel giorno, in cui Paolo e Maria visitarono la Città di Dio, il programma del giorno era questo:

Ore 9. Predicatore Angelo Feneloni. — *L'ignoranza e la superbia di chi nega il mondo soprasensibile.*

Ore 11. Predicatore Marco Marchi. — *L'infelicità dei miscredenti.*

Ore 13. Predicatore Roberto Fedi. — *L' avvenire della religione della speranza.*

Ore 15. Predicatore Anselmo Cristiani. — *La carità nella religione.*

Ore 17. Predicatore Roberto Speri. — *Critica della religione fondata sul culto del dolore.*

Ore 19. Predicatore Alessandro Cesari. — *La lotta contro il dubbio e lo scetticismo.*

Ore 21. Predicatore Dario Devi. — *La poesia della fede e la poesia della speranza.*

Ore 23. Predicatore Paolo Santi. — *Dei mezzi migliori per convertire gli increduli alla religione della speranza.*

Le spese del culto sono pagate con oblazioni spontanee dei fedeli e il Governo non vi contribuisce per nulla.

Ogni anno nel calendario di questi credenti sono segnate tre grandi feste.

La più solenne è quella del 1.º gennaio, nella quale si fanno voti perchè l'anno nuovo sia felice.

Se ne solennizza una seconda il 1.º aprile, per festeggiare l'aurora della primavera.

E una terza, quella del 1.º ottobre, è dedicata alla commemorazione del fondatore della religione della Speranza e ai più grandi predicatori, che ne sono stati gli apostoli più eloquenti e più efficaci.

A queste feste, essendo ora questa religione quella che conta il maggior numero di credenti, prende parte una gran folla:

Il tempio è allora ornato tutto quanto di fiori e le musiche di cento e mille istrumenti fanno vibrar le vòlte del tempio delle più divine armonie, mentre nuvole di profumi spandono per l'aria odori deliziosi. Di giorno è la festa del profumo e dell'armonia, mentre di notte è la festa della luce, e milioni di fiammette policrome ornano il tempio e le case dei credenti.

Non molto lungi dal Tempio della Speranza, che non solo ad Andropoli, ma in tutte le grandi città del mondo riunisce il maggior numero di fedeli, si innalza la *Chiesa cristiana*.

Tremila anni di storia sono corsi dalla culla di Betlemme, che aveva trasformato il mondo, ma il Cristo ha ancora chiese e credenti. La religione cattolica è scomparsa da più di cinque secoli, distrutta dalla simonia e dall'ignoranza cocciuta degli ultimi papi, e tutte le altre chiese cristiane si sono fuse in una sola, che rassomiglia assai all'antica valdese.

Dalla religione del Cristo si sono levati i dogmi metafisici e molti riti ridicoli e se n'è fatto quasi soltanto una forma elevatissima di carità.

Il credere o non credere alla divinità di Gesù è lasciato alla fede di ciascheduno, ma gli Evangelici (che così si chiamano i seguaci della Chiesa cristiana), nascendo sono battezzati con un rito alquanto strano, e che consiste nel bagnare la fronte del neonato con una gocciola di sangue levato dal braccio del padre e con un'altra gocciola del sangue della madre.

Il sacerdote compie il rito nella chiesa e nell'atto di bagnare la fronte dice:

Tu, figlio dell'amore e del dolore, vivrai amando e soffrendo.

Il tuo dolore verrà sempre dopo quello degli altri e col tuo amore sanerai il dolore degli uomini, che son tutti fratelli tuoi.

In nome dell'amore, in nome del dolore, in nome del Cristo, che è morto per noi, io ti battezzo e ti chiamo ecc, ecc.

Questo è il battesimo degli Evangelisti nell'anno 3000.

Di sacramenti non hanno altro che la *confermazione*, il *matrimonio* e l'*estrema unzione*.

La confermazione non è che un secondo battesimo, che si dà al sacerdote al primo apparire della pubertà.

Il neofito deve giurare di consagrare la

propria vita alla carità, di essere fedele marito e padre perfetto.

Il matrimonio non è che religioso ed è consacrato nella chiesa con un rito solenne e molto poetico, nel quale i fiori e la musica formano la parte migliore.

Il divorzio è concesso a tutti, ma circondato da garanzie gravissime, che impediscono i capricci del vizio.

L'estrema unzione è rimasta come ricordo dell'analogo sacramento cattolico ed è come un saluto, che i superstiti danno all'uomo, che sta per lasciare questo mondo per entrare nella vita eterna, in cui credono tutti gli Evangelisti.

All'infuori di questi sacramenti, coi quali essi danno un marchio religioso agli atti più importanti della vita, non hanno altro che la preghiera e la predicazione.

E si riuniscono nella chiesa la domenica e in altri giorni solenni per ascoltare la parola del sacerdote (che è sempre ammogliato, anzi che deve esserlo sempre) o per pregare.

Pregano soli o tutti riuniti, cantando in coro accompagnati dalla musica dell'organo.

La religione evangelica domina sopratutto nel nord dell'Europa, dove si può dire dominante; ma ha anche altri centri minori nell'America settentrionale, nel Tibet e nella Siberia.

Ad Andropoli essa non ha che un solo tempio nella Città di Dio, ma è forse il più grande e il più bello del mondo.

Paolo e Maria lo visitarono e furono stupiti di veder quasi fedelmente riprodotta l'antica cattedrale di Firenze, Santa Maria del Fiore, che più non esiste; ma di cui hanno veduto il disegno in molte opere di storia e di architettura.

È una chiesa severa, malinconica, senza quadri e senza statue, che ispira rispetto e invita al silenzio e alla meditazione.

Camminando in quel tempio si sentiva il bisogno di rallentare il passo e di renderlo quasi muto, sembrando ogni rumore una profanazione. Sembrava a tutti, che in quel silenzio non avesse diritto di farsi sentire che la voce del sacerdote dall'alto di un pulpito e il suono dell'organo dai sotterranei del tempio.

Nella Chiesa Evangelica non si vedono ai due capi che due altari che si guardano in faccia.

In uno di essi si innalza un Cristo crocifisso di bronzo, gigantesco, solenne; fattura di uno dei più grandi artisti italiani, che era vissuto nel secolo XXV e che fu chiamato il *Nuovo Michelangelo*. Intorno a quel bronzo mille e mille fiammelle stanno accese di giorno e di notte.

È l'altare del dolore e del sacrifizio.

Di faccia il secondo altare è consagrato alla Vergine Maria ed essa è raffigurata in una statua gigantesca di marmo bianco, in atto di aprire le braccia a tutto il mondo; opera di un celebre scultore inglese, vissuto anch'esso nel secolo XXV e che ebbe il battesimo glorioso di *Secondo Donatello*.

È l'altare dell'amore e della carità.

I nostri viaggiatori si fermarono per alcuni momenti dinanzi a quei due altari, osservando che dinanzi al secondo eran prostrate molte donne, mentre dinanzi al primo i fedeli inginocchiati erano quasi tutti uomini.

— Vedi, Maria adorata, se io sentissi il bisogno per me di una religione, io mi farei evangelico, perchè in questa Chiesa dinanzi a questi due altari, che mi sembrano rizzati sulle più alte vette dell'idealità umana, io mi sento portato in alto, in alto; là dove la ragione tace, i bassi istinti scompaiono e l'uomo tutto si sente rapito al disopra della vita quotidiana per respirare in aria più pura e bearsi una luce fantastica, che non è di questo mondo. Dinanzi al Cristo crocifisso, che dà la sua vita per redimere il mondo dal gran peccato di Adamo; dinanzi all'uomo, che proclama la grandezza degli umili vedo l'aspirazione più alta, a cui noi possiamo innalzarci, quella di sacrificare l'individuo al bene di tutti.

E là, dinanzi a quella Donna-Dea, che

apre le braccia per stringere al cuore tutta quanta l'umanità, vedo santificata la carità nella sua forma più tenera e più calda; nell'amore materno e divino, che fa di tutti gli uomini altrettanti figli.

In questi due altari innalzati in questo tempio dagli Evangelisti io vedo i due poli, entro i quali si muove tutta la umana famiglia, l'*Amore* e *il Dolore;* vedo le sorgenti, dalle quali sorsero e sorgeranno tutte quante le religioni, che non sieno feticismi o idolatrie, ma aspirazioni verso l'alto, verso l'infinito; verso qualche cosa, che sia meno caduco, meno fragile della povera nostra vita terrena. —

*

Paolo e Maria lasciarono commossi la Chiesa Evangelica, dirigendosi a un terzo tempio, tutto circondato da una foresta così densa di alberi secolari, che appena lasciano intravedere il vasto edifizio, che pare nascondersi fra tutto quel verde.

È la Chiesa dei Deisti.

Avevano copiato l'antico Panteon di Roma e sulla porta del tempio si legge: *Al Dio Ignoto.*

Nude le pareti interne: nè quadri, nè statue, nè pulpiti, nè altari. — Solo nel mezzo di quell'edificio circolare, si innalza un gran cippo di bronzo, in cui è accesa sempre di giorno e di notte una fiamma azzurra.

Qua e là si vedono alcuni rari adoratori, in piedi, che guardano la fiamma, che senza far rumore spande all'intorno la sua luce livida e triste. Nessuna donna in quella Chiesa di Deisti.

Maria aveva aggrottate le sopracciglia e atteggiato il volto a una emozione dolorosa:

— Paolo mio, mi pare di sentire in questo tempio un gran freddo.

— Lo sento anch'io, Maria. Io intendo benissimo gli adoratori della Speranza, capisco la religione evangelica, ma non ho mai inteso che cosa vogliano i Deisti colla loro religione.

Il Dio Ignoto fu di tutti i tempi e di tutti i pensatori, che non erano anche superbi. L'uomo sa così poco del mondo che lo circonda e delle forze che lo muovono: nasce, vive e muore fra due abissi impenetrabili di ignoranza, il piccolissimo e il grandissimo; ed è costretto a mettere in fondo ad ogni sua domanda, ad ogni sua curiosità un gran punto d'interrogazione.

Tutto questo è logico, è naturale, è inevitabile, ma siamo sempre nei campi del pensiero; ma come si fa ad adorare un forse, un punto d'interrogazione? Il *Dio Ignoto* è una pura e semplice confessione d'ignoranza, ma non può dar materia di culto, nè di religione.

La religione è fatta di sentimento e non di pensiero e non so intenderla senza un'altare, senza un sacerdote, senza un culto. E qui non vedo che nude pareti e respiro un'aria gelata, *senza tempo tinta,* come disse già molti secoli or sono un grande poeta. Nulla parla al mio cuore, nulla mi dice quella fiamma azzurra e livida, che eternamente è accesa su quel cippo di bronzo.

No e poi no! Io potrei convertirmi un giorno alla tua religione, a quella della Speranza; se fossi molto infelice potrei diventare un evangelista, ma deista non lo sarò mai. —

— E neppur io, — soggiunse Maria, accompagnando le sue parole con un brivido, che le corse per tutto il corpo, come se provasse un gran freddo.

E i nostri viaggiatori escirono dal tempio del Dio ignoto, ritornando a casa.

Capitolo Tredicesimo.

Il malumore di Maria e il segreto di Paolo. — Una seduta dell'Accademia di Andropoli e la distribuzione del premio cosmico. — Il matrimonio fecondo.

Maria era da più giorni di pessimo umore. Le meraviglie di Andropoli, ch'essa vedeva per la prima volta, la distraevano per qualche ora, ma poi ripiombava nella solita tristezza.

Dico male: essa non era triste, nè poteva esserlo. Amava Paolo con tutto il suo cuore e con tutto il suo pensiero ed ora si stava realizzando il sogno più alto della sua vita, quello di visitare la capitale planetaria, facendo nello stesso tempo il giro del mondo.

No, non era triste. Era impermalita, dispiacente, contrariata.

Paolo, che era avvezzo a vederla sempre serena, passando i suoi giorni da un sorriso ad un altro sorriso, le aveva chiesto già più volte:

— Ma che cosa hai, amor mio? Ti senti male? Ti senti stanca? Vuoi forse riposarti per qualche giorno dalle nostre continue escursioni?

Ed essa rispondeva seccata, con quel piglio che rende quasi sempre impossibile l'insistenza della domanda:

— Non ho nulla, mi sento benissimo.

Un giorno però alla domanda Paolo aggiunse anche le carezze e a tante forze alleate messe insieme, essa non seppe, essa non potè più resistere.

— Ecco qui perchè io sono di cattivo umore. Tu mi hai detto sempre che la prima prova di amarsi e di vivere una vita sola in due era quella di non avere il più piccolo segreto l'un per l'altro. E mi hai ripetuto non so quante volte, che la prima bugia detta dalla bocca di una amante all'amato lacera la concordia e mette in pericolo l'amore.

Tu lo sai, che io dal giorno che ti dissi:

son tua, non pensai cosa che tu non sapessi un'ora dopo, nè provai una sola volta una gioia o un dolore, che subito dopo non fosse anche tuo.

E anche tu, Paolo mio, mi hai aperta tutta quanta l'anima tua, ma mi hai però detto, che ti riservavi un piccolo segreto, che però non era una colpa; ma che non me lo avresti rivelato che ad Andropoli.

Di quel mistero io non mi sono mai offesa, sembrandomi che non era che un ingegnoso artifizio per farmi desiderare qualcosa di nuovo, a me, che vivendo con te, non avevo più nulla a desiderare. Ma ormai, siamo in Andropoli da due mesi e tu non mi hai svelato il tuo segreto.

Ed ho sempre aspettato e aspetto ancora; ma ormai la curiosità è divenuta impazienza e l'impazienza è divenuta dolore. — E mi tormento e mi martello, sospettando che il segreto non sia un mistero, ma una colpa, che non hai il coraggio di confidarmi, temendo forse che in me diminuisca la stima per te, ch'è grande come il mio amore. E se non è una colpa, è almeno una debolezza, e tu, che sei il forte dei forti, hai paura che nello specchio della tua anima, tersa e brillante come l'acciaio, io non veda una macchia.... —

Paolo stava a sentirla e sorrideva, baciandole le mani e accarezzandola nei capelli....

— Pazzerella, mattacchiona mia cara! Non ti sapevo così sospettosa e permalosa. Io ti ho promesso di svelarti il grande segreto, l'unico ch'io mi abbia per te, ad Andropoli; ma non ti ho però detto in qual giorno te l'avrei rivelato, se appena giunti, o più tardi, o magari l'ultimo giorno, quello della nostra partenza. Tu vedi dunque, che non ho mancato di parola, nè dimenticato la mia promessa.

Or bene, il giorno della rivelazione è giunto e te lo annunzio ad alta voce, solennissimamente.

Domani avrai il mio segreto, nel giorno della proclamazione del premio cosmico.

— E a qual'ora di questo giorno e in qual luogo?

— Nell'ora della proclamazione e nella grande sala dell'Accademia.

Maria saltò al collo di Paolo, e allegra come un puledro in festa lo baciò più e più volte.

Il malumore, la displicenza eran volati via, s'eran sfumati come nebbia mattutina fugata dal primo raggio di sole.

Per tutto quel giorno la sua allegria accumulata e non spesa per tanti giorni si scatenò tutta quanta, innondando di pazza gioia anche il suo Paolo. Ballarono, saltarono, si rincorsero come fanciulli.

La gioia è sempre giovane e nelle sue forme più belle è anche infantile. E Paolo e Maria per tutto quel giorno e la mattina appresso ebbero sempre fra tutti e due non più di sedici anni.

*

L'Accademia di Andropoli è il più alto Istituto scientifico del mondo. Conta cento membri, presi dalle più lontane regioni, e formano, direi, un vero Senato della scienza.

Eletti dal libero voto di tutti i pensatori del mondo, rappresenta tutte le branche delle scienze, delle lettere e delle arti, e non hanno altro obbligo che di trovarsi in Andropoli una volta all'anno, e precisamente il 31 dicembre, quando i segretari delle diverse regioni presentano la storia scientifica, letteraria e artistica dell'anno; ciascuno nella disciplina che gli è affidata.

Ritornati alla loro patria corrispondono coll'Accademia, per rispondere ai diversi problemi, che sono affidati al loro studio. Trenta fra loro sorteggiati risiedono per tutto l'anno nella capitale, dove hanno splendidi alloggi. Il loro onorario è di 500000 lire all'anno.

Ogni dieci anni si riuniscono tutti quanti per distribuire il premio cosmico e che vien conferito a colui, che abbia fatto la più grande scoperta di quel decennio. Il premio è di un milione di lire, e colui che lo guadagna ha diritto di sedere nel Consiglio supremo del Governo, e prende il titolo di Sofo, l'onorificenza più alta in tutto il mondo e eguale soltanto a quella del Pancrate.

Nell'anno 3000 si chiude appunto un decennio dall'ultimo premio, e i concorrenti sono 150.

Era appunto all'indomani del giorno, in cui Paolo e Maria avevano avuto il dialogo da noi riferito, che si doveva conferire il premio cosmico; e i nostri viaggiatori si recarono all'Accademia, che trovarono affollata da cento e cento curiosi, venuti da ogni parte del mondo per assistere alla gran festa della scienza.

La città è tutta imbandierata, le botteghe tutte chiuse, e nella piazza musiche variopinte riempiono l'aria di deliziose armonie.

Entrando nella gran sala delle assemblee Maria vide con grande stupore, che Paolo andò a sedere con lei nei posti riservati al Pancrate e ai suoi ministri, in due grandi seggiole dorate.

— Ma, Paolo mio, perchè mai ci sediamo qui? Non sarebbe meglio confondersi col pubblico, e sedere là nel fondo, dove potremmo senza suggezione conoscere e osservare ogni cosa?

— No, Mariuccia mia, perchè è il posto che mi spetta, ed io ho potuto ottenere dal Presidente, che anche tu sieda qui accanto a me. E oggi è qui che ti sarà svelato il mio segreto, l'unico mio segreto. —

Maria tacque e rimase immersa nell'estasi di una grande meraviglia, di un grandissimo stupore.

Intanto la sala si andava affollando sempre più e una musica deliziosa confortava in tutti la fatica dell'aspettare.

A un tratto la musica cessò, si diffuse all'intorno un silenzio solenne e i membri della presidenza presero i loro posti, sedendo fra i cento senatori della scienza.

In mezzo ad essi, in una poltrona più

alta sedeva il Presidente, che portava al collo sospesa da una catena di palladio una grande medaglia d'oro, che stava a dire, ch'egli aveva riportato altre volte lo stesso premio cosmico, che si stava per conferire.

Il Presidente si alzò, e dopo aver dichiarata aperta la seduta, invitò il Segretario generale a leggere la relazione sul premio cosmico, e noi la riassumeremo per sommi capi.

I concorrenti al premio cosmico dell'anno 3000 sono 150. Un primo lavoro di analisi dei lavori presentati li ridusse subito a 50.

Più difficile fu il lavoro della seconda cernita, perchè in quelle cinquanta scoperte e invenzioni, molte avevano un valore reale; ma un po' per volta i cinquanta divennero tre, e dei tre non fu troppo difficile scegliere l'uno, essendo riservato agli altri due il secondo e il terzo premio.

L'ingegnere inglese John Newton ha inventato una trivella gigantesca mossa da una nuova macchina elettrica, che ci permetterà di perforare tutto il nostro pianeta, giungendo al centro della terra. Potremo così conoscere la vera struttura del globo, fin qui divinata, ma non conosciuta; e chi sa di quali nuove forze potremo disporre nell'avvenire. L'invenzione è di una straordinaria importanza e perciò abbiamo dato all'ingegnere Newton il terzo premio.

Lo invito a recarsi alla Presidenza, per ricevere il premio.

L'ingegnere Newton era seduto accanto a Paolo. Si alzò, e recatosi al banco del Sofo, ricevette un diploma e una medaglia.

La musica intonò le sue armonie, e tutti gli astanti si alzarono ad applaudire il premiato.

E il segretario continuò a leggere la sua relazione:

Il celebre astronomo Carlo Copernic ha perfezionato talmente il telescopio da permetterci di vedere gli abitanti dei pianeti più vicini. Questa invenzione segna un'èra nuova nella storia della civiltà, e permettendoci di allargare i confini del mondo conosciuto, accrescerà all'infinito i tesori del nostro pensiero, lasciandoci anche sperare, che in un tempo non troppo lontano noi potremo metterci in relazione coi nostri fratelli planetarii.

Si trovò quindi ragionevole e giusto di accordare il secondo premio all'astronomo Copernic.

E qui nuovi applausi e nuove armonie.

Dopochè il Copernic ebbe ricevuto il premio, vi fu una lunga pausa di silenzio e di aspettazione. Quel silenzio esprimeva l'infinita curiosità di sapere, chi mai avesse potuto fare una scoperta ancor più grande. Perforare la terra da parte a parte e comunicare direttamente cogli antipodi!

E spiare la vita degli abitanti di Venere, di Mercurio, di Marte! Che cosa vi può essere mai di più grande?

E il segretario riprese la parola.

La terza scoperta, signori e signore, e di certo la più grande, è quella dello *psicoscopio*, strumento che ci fa leggere facilmente i pensieri dell'uomo, verso cui si dirige.

Prego il signor Paolo Fortunati, di Roma, a voler venire al banco della presidenza per dimostrare praticamente come agisce il psicoscopio.

Maria a queste parole si sentì battere il cuore forte forte, guardò Paolo, che dopo averle stretta una mano convulsivamente, le disse all'orecchio:

— Ecco il mio segreto!

Si alzò, e salito a fianco del presidente dell'Accademia, si levò di tasca un piccolo strumento, a guisa di un doppio cannocchiale di tasca e lo rivolse verso il pubblico.

Il silenzio era stato grandissimo, appena il segretario aveva parlato, ma ora un grande rumore di seggiole smosse e di gente che si alzava, turbò la serena pace di quel luogo sacro alla scienza.

Era il rumore di molti, che improvvisamente lasciavano la sala, perchè avevano paura che si leggessero i pensieri, che in quel momento passavano per il loro cervello.

Paolo, benchè in quel momento fosse estremamente commosso, non potè a meno di ridere a quella fuga tumultuosa.

Appena si ritornò al silenzio dell'aspettativa e più nessuno si mosse, Paolo rivolse il psicoscopio verso un fanciullo sui dieci anni, che stava seduto accanto alla sua mamma, e poi:

— Ecco là quel fanciullo, che pensa con grande dolore, che egli si sta annoiando in questa sala, ascoltando discorsi che non intende; mentre a casa sua i suoi fratelli giuocano a palla nel giardino. Egli dirige mentalmente a tutti noi delle maledizioni....

Tutta l'assemblea scoppiò in una risata omerica.

Paolo diresse allora il suo strumento qua e là, come se cercasse qualcuno o qualche cosa, e in modo da non far capire dove si fermasse più a lungo.

— Non accennerò ad alcuno in particolare, ma io leggo in più di dieci fra le persone qui convenute un grandissimo sdegno per la solenne ingiustizia commessa a loro riguardo dai nostri accademici. Essi avevano concorso al premio cosmico e non l'hanno conseguito.... In uno di essi poi leggo anche pensieri orrendi di odio e di vendetta....

A queste parole il tumulto di prima sorse di nuovo e più violento. Alle sedie smosse e cadute di chi abbandonava la sala, si unirono grida irose:

Profanazione! Profanazione! Abbasso il psicoscopio....

Paolo rimase imperterrito, e il Presidente suonò più volte il campanello, invocando silenzio e pace.

Intanto la sala si era vuotata più che mezza, e il segretario potè ripigliare la sua relazione:

L'Accademia ha creduto a voti unanimi di conferire il primo premio al signor Fortunati, perchè se le due altre scoperte ci allargano le frontiere del conoscibile, il psicoscopio ci promette un'èra nuova di moralità e di sincerità fra gli uomini.

Quando noi tutti sapremo, che chiunque può leggere nel nostro cervello, faremo sì che pensieri e opere non si contraddicano, e noi saremo buoni nel pensiero, come cerchiamo di esserlo nelle opere. È a sperare che col psicoscopio la menzogna sarà bandita dal mondo o almeno sarà un fenomeno rarissimo, che si andrà perdendo del tutto; come tutte le funzioni e gli organi, che non hanno più uno scopo necessario o utile.

E lasciamo da parte tutti i vantaggi, che potrà arrecarci il nuovo strumento nella diagnosi delle malattie mentali, nell'educazione, nella psicologia. La scienza del pensiero entrerà ben presto in un nuovo mondo, e di certo è assai più utile all'uomo il conoscere sè stesso, che il centro della terra o gli abitanti degli altri pianeti.

Dacchè l'uomo è comparso sulla terra, egli ha fatto immensi progressi nelle scienze, nelle arti, nelle lettere; in tutto ciò che riguarda la vita del pensiero; ma nella moralità il progresso è ancora molto addietro, e non è punto in armonia con quello della mente. Il psicoscopio ci promette di realizzare questo sogno di tutti i secoli, quello cioè che il progresso morale sia parallelo a quello intellettuale, e siccome tutti crediamo, che il primo per la felicità degli uomini sia molto più importante dell'altro, ecco perchè l'Accademia ha creduto di dover assegnare il primo premio al signor Paolo Fortunati, che ha inventato il psicoscopio. —

Tutti quelli che erano rimasti nella sala, perchè non avevano paura che il terribile strumento ottico leggesse attraverso il loro cranio alcuni pensieri malvagi, si alzarono in piedi, applaudendo fragorosamente il fortunato vincitore del premio cosmico, e che anche nel suo nome portava quasi il vaticinio della sua gloria....

L'unica persona che non si alzò, era la più felice e la più commossa.

Era Maria, che si nascondeva il volto nel fazzoletto per celare le lagrime di una gioia infinita, che la innondava tutta quanta dal capo ai piedi . . . .
. . . .

Paolo intanto era sceso dal banco della presidenza, era ritornato al suo posto, e là le lagrime di due felici si univano insieme, confondendosi nell'estasi di un'ebbrezza sola.

Tutti i presenti guardavano commossi quel gruppo dei due felici, persuasi che l'abbraccio di quella donna in quel momento, in quel luogo, era il premio più alto e primo della scoperta immortale di Paolo . . . .
. . . .

Pochi giorni dopo Paolo e Maria, dopo aver avuto l'alto consenso del Tribunale sanitario di Andropoli, per unirsi nel matrimonio fecondo; ne ricevevano nel Tempio della Speranza il sacramento solenne, e da amanti, che lo erano già da varii anni, diventavano marito e moglie; avendo acquistato per consenso della scienza il più alto dei diritti, una volta concesso a tutti nei tempi barbari; quello cioè di trasmettere la vita alle generazioni future.

FINE.

INDICE

Capitolo Primo.

Paolo e Maria partono per l'Andropoli. — Una sera nel golfo di Spezia . . . . . Pag. 1

Capitolo II.

Da Spezia alle antiche Piramidi d'Egitto. — Dalle Piramidi all'Isola degli Esperimenti. — Paese dell'Eguaglianza. — Tirannopoli. — Turazia o la Repubblica socialista. — Logopoli. — Altri governi e altri organismi sociali. 23

Capitolo III.

Viaggio all'isola di Dinamo, uno dei quattro grandi laboratorii della forza planetaria. — Il Museo storico dell'evoluzione meccanica del nostro pianeta. — Le tre grandi epoche storiche. — La scoperta di Maestrong e il *pandinamo*. — L'uffizio centrale della distribuzione delle forze cosmiche . . . . Pag. 59

Capitolo IV.

Partenza da Dinamo e arrivo ad Andropoli. — Aspetto generale della città. — Le case, la loro costruzione e la loro architettura. — Le piazze di Andropoli. — L'officina dinamica. — Il mercato. — L'arresto di un ladruncolo e la giustizia 81

Capitolo V.

Gita al Palazzo di Governo. — Forme di governo e organismo politico nel mondo nell'anno 3000. — Le quattro sezioni del palazzo. — La Terra. — La Salute. — La Scuola. — L'Industria e il Commercio. — L'Ufficio di finanza. 115

Capitolo VI.

Il Ginnasio di Andropoli 157

Capitolo VII.

Il Palazzo della Scuola. — La prima scuola. — La scuola media. — La scuola degli alti studi. — Lezione sull'influenza della passione sulla logica del pensiero 167

Capitolo VIII.

Gita ad Igeia. — Le statue innalzate ai medici più illustri dell'antichità. — L'anticamera dei malati. — Le sezioni dell'Igeia. — La visita ad un tubercoloso fatta da un *pneumologo*. — La moneta di cartoncino dell'anno 3000. — Dipartimento degli Igei. — La visita ai bambini neonati. — Soppressione di un bambino. — Una madre pietosa e crudele in una volta sola. Pag. 183

Capitolo IX.

La città dei morti ad Andropoli. — Dissoluzione dei cadaveri. — Cremazione. — I siderofili e le imbalsamazioni. — Le sepolture. — Il Panteon 215

Capitolo X.

I Teatri di Andropoli e il Panopticon. — Un programma degli spettacoli della capitale nel 26 aprile dell'anno 3000. — Una serata di gala al Panopticon. 237

Capitolo XI.

Il Museo di Andropoli. — La Galleria e i peripatetici. — La sezione delle scienze naturali. — Gli uomini possibili. — L'analisi e la sintesi messe vicine. — Parte del Museo riservata al lavoro umano. — I circoli concentrici e i raggi centrifughi. — La macchia sulla carta topografica della storia dell'arte . . . . Pag. 261

Capitolo XII.

La città di Dio in Andropoli. — Il tempio della Speranza. — La chiesa degli Evangelisti. — Il tempio del Dio Ignoto . . . 283

Capitolo XIII.

Il malumore di Maria e il segreto di Paolo. — Una seduta dell'Accademia di Andropoli e distribuzione del premio cosmico. — Il matrimonio fecondo 305

www.ingramcontent.com/pod-product-compliance
Lightning Source LLC
Chambersburg PA
CBHW060644170426
43199CB00012B/1663